Dietrich W. Prost

Stralsund als Orgelstadt

Orgeln und Orgelbauer
im praktisch-theologischen Dienst
für die Kirchen Stralsunds

Verlag Dr. Kovač

VERLAG DR. KOVAČ

Arnoldstraße 49 · 22763 Hamburg · Tel. 040-39 88 80-0 · Fax 040-39 88 80-55

Die Deutsche Bibliothek - CIP-Einheitsaufnahme

Prost, Dietrich W.:
Stralsund als Orgelstadt: Orgeln und Orgelbauer
im praktisch-theologischen Dienst für die Kirche
Stralsunds/
Dietrich W. Prost. - Hamburg: Kovač, 1996

ISBN 3-86064-238-3

Vorwort

"Orgelspielen heißt, einen mit dem Schauen der Ewigkeit erfüllten Willen zu offenbaren" (Charles-Marie Widor, zitiert nach Albert Schweitzer)

"Es wurde erstlich darauf aufmerksam gemacht, daß die Orgel ... nicht die Hauptsache und der Predigt des Wortes, dem Sacrament sc. nicht gleich zu stellen ... Sie sei aber auch nicht ein Mittel der Zerstreuung, sinnlicher Ergötzung oder dergleichen Genusses. Sodann wurde ... gezeigt, daß die Orgel ... die Andacht wecke, verstärke, leite und befestige"

(Pastor Ziemsen bei der Wieder-Einweihung der Stellwagen-Orgel Stralsund St. Marien 1828)

Stralsund ist eine Stadt profilierter Orgelbaugeschichte. Dieser geht Dietrich Wilhelm Prost in seiner Studie nach und versucht aufzuzeigen, daß "Beziehungen zwischen theologischem Denken und dem kirchlichen Gebrauch der Orgeln einerseits und der Klanggestaltung der Instrumente andererseits" bestehen.

Es ist wohl kein Zufall, daß des Verfassers "Einführungsworte zu Orgelkonzerten" (Seite 44) auch den Seitenzahlen nach im Zentrum dieser Arbeit stehen. Der Orgel wird hier etwas abgelauscht, abgewonnen, was mich an den Psalter erinnert, jenes Jahrtausende alte Gesangbuch des Gottesvolkes. Dort gibt es Gesänge der Klage, des Trostes, jubelnden Lobpreises und finsterster Depression, des Zornes, der Rachegelüste, des Erbarmens, der Geborgenheit in Gott. In ähnlichem Sinne hat der langjährige Stralsunder Marienorganist Orgelmusik verstanden und war - noch zu DDR-Zeiten - bemüht, den vielen v. a. auch jungen Hörern seiner Orgelkonzerte in wenigen Hinführungsworten "eine den Werken zukommende Erwartungshaltung" zu empfehlen: Orgelmusik "als Klagemauer", als Ausdruck des Trotzes, des Zornes, des Umwandelns, des Zuspruches, Gotteslobes, Jubelns, der Zuversicht ...

Als Organist der anderen berühmten und noch gut erhaltenen Stellwagen-Orgel, der sog. "Kleinen Orgel" in St. Jakobi Lübeck, wünsche ich sozusagen von einer Orgelbank zur anderen diesem Buch lebendiges Interesse bei vielen Lesern.

Lübeck, St. Jakobi, im Mai 1994

Armin Schoof

Inhaltsverzeichnis

1. Einleitung

Stralsund, die einst bedeutende Hansestadt, am Sund zwischen dem Festland und der Insel Rügen gelegen, hat nicht nur Ruhm als Stadt von großer Schönheit und von bisweilen europäischer militär- und wirtschaftpolitischer Bedeutung[1] gehabt, sie ist auch eine Stadt profilierter Orgelbaugeschichte. Ihr wurde vom Verfasser in mehreren Einzeldarstellungen[2] bereits nachgegangen. Die vorliegende Arbeit unternimmt den Versuch, nicht allein den Namen der Orgelbauer, die hier tätig waren, und dem Charakter der von ihnen erbauten Orgeln nachzuspüren, sondern auch Beziehungen zwischen theologischem Denken und dem kirchlichen Gebrauch der Orgeln einerseits und der Klanggestaltung der Instrumente andererseits aufzuzeigen.

Orgeln sind gestaltete Musikinstrumente. Nicht zwei Orgeln sind einander völlig gleich. Selbst dann, wenn sie in Disposition (Registerauswahl) und Konstruktion einander gleich scheinen, sind sie es de facto nicht, weil sie in ihrer Intonation (Klanggebung) dem jeweiligen Raum angepaßt sind und darum Unterschiede aufweisen.

Die unterschiedlichen Gestaltungen von Orgeln wurden bislang fast ausschließlich unter musikgeschichtlichen Aspekten gesehen, wozu noch Aspekte der Kunstgeschichte zur Beurteilung des äußeren Erscheinungsbildes (Prospekt) der Orgeln traten. Es ist dem Verfasser jedoch aufgefallen, daß zu diesen Einordnungen noch die aus praktisch-theologischer Sicht hinzutreten müßte, wurden und werden doch die meisten Orgeln (in Stralsund ausschließlich) in kirchlichem Auftrag gebaut, ist doch ihr Klang von nicht zu unterschätzendem Einfluß auf gottesdienstliches Geschehen nicht nur, sondern hat gerade in unseren Tagen gesondert zum Aufsuchen der Kirchen zu Orgelmusiken in bisher kaum gekanntem Ausmaß geführt. Damit rücken Orgelklang und Wirken der Orgelbauer in den Grenzbereich der Praktischen Theologie als der "Wissenschaft von der zweckmäßigen Verfahrensweise kirchlichen Handelns" (v. d. Goltz, 1870 - 1939; nach mündl. Überlieferung).

Dem Verf. will scheinen, daß sich aus Geschichte und Gegenwart der Orgeln und Orgelbauer in Stralsund Tendenzen einer wechselseitigen Impulsgebung zwischen Orgeln und Orgelbauern einerseits und praktisch-theologischem Dienst der Kirchen andererseits ablesen lassen könnten, wobei die Anstöße sich einmal von als dieser, ein anderes Mal als von jener Seite ausgegangen erweisen. Diesen

---

1) Stralsunder Friede 24. Mai 1370

2) s. a. Literatur-Nachweis: Prost, Dietrich, 1 - 10

Wechselbeziehungen nachzugehen will er im folgenden versuchen. Absichtlich hat der Verf. dabei nahezu ausschließlich Quellen aus dem vorpommerschen Raum und speziell aus Stralsund herangezogen, hat er doch den Eindruck, daß Äußerungen aus entfernteren Gegenden, etwa Süddeutschland oder auch nur Sachsen, nicht unbedingt auf die Stralsunder Situation zutreffen könnten. Auch besteht zur Erforschung der Orgelbaugeschichte Stralsunds am Ort eine recht gute Quellenlage. Das Stadtarchiv und die Archive einiger Kirchen geben viel her. Daß das Kirchenarchiv von St. Marien weitgehend kriegszerstört wurde, muß angesichts der Bedeutung der Orgel in der Marienkirche besonders bedauert werden. Die Forschung kann sich auf Testamente, Rechnungen, Belege, Kostenschläge, Verhandlungsprotokolle und dergl. mehr stützen, die oft einen historischen Befund auch dann zu rekonstruieren ermöglichen, wenn die Instrumente selbst nicht mehr vorhanden sind.

Die Darstellung ist gegliedert nach dem Orgelbaugeschehen in den einzelnen Kirchen, wobei Verweisungen zu gleichzeitigem Geschehen in anderen Kirchen Stralsunds unvermeidlich sind.

2. Orgeln in St. Nikolai

Von den drei großen Kirchen ist die Pfarrkirche St. Nikolai stets die Hauptkirche gewesen. Baulich mit dem Rathaus ein einheitliches Ensemble bildend, war St. Nikolai vornehmlich die Kirche der Patrizier, die hier mehr als in den anderen Gotteshäusern die Gestaltung und den Ausbau des Kircheninneren mitbestimmten. Die Orgeln in der Nikolaikirche jedoch konnten niemals den weiten Ruhm erlangen, den andere Kunstschätze dieser Kirche fanden. Möglicherweise kann dies daran gelegen haben, daß man in der Hauptkirche immer über die Mittel verfügte, die vorhandenen Orgeln den sich wandelnden Anforderungen, die sich wandelnde Theologie und Frömmigkeit und auch sich wandelnder Zeitgeschmack u. U. recht aufwendig mit sich brachten, anzupassen. Stets hat man in St. Nikolai Wert darauf gelegt, ein Instrument zu besitzen, das in jeder Weise "auf der Höhe der Zeit" war. Über diesen Wunsch nahm man in Kauf, daß der ursprüngliche Charakter der Orgeln durch Umbauten immer wieder verloren ging. Man opferte das Originale dem Aktuellen, doch gerade daran geben sich die Hintergründe für die Umgestaltungswünsche ein wenig zu erkennen.

2. 1 Frühe Orgeln

Schon 1386 ist in einem Testament[3] von einem Altar unter der Orgel die Rede, 1504 ebenfalls in einem Testament[4] von einer Stiftung für die Orgel. Einzelheiten über die erwähnten Instrumente sind nicht bekannt, doch zeigen die Stiftungen, daß es schon in vorreformatorischen Zeit Orgelinstrumente, die man sich jedoch nicht groß vorstellen dürfte, in St. Nikolai gegeben hat.

2. 2. Die Orgel von Nikolaus Maaß

Das Geschick dieser Orgel ist in den Akten selbst in einer "Nachricht wegen Reparatur der großen Orgel" vom 21. Dezember 1730 beschrieben worden:[5]

---

3) Stadtarchiv Stralsund, Test. 306
4) Stadtarchiv Stralsund, Text. 884
5) Pfarrarchiv St. Nikolai: "Alte im Archiv aufgefundene Papiere, die Orgel betreffend ..." ohne Signatur.

"Diese A° 1599 von Nicolav Masshen gebauete Orgel, welche A° 1601 am Himmelfahrts Feste zum allerersten mahle von dem Organisten Elias Herlicion bespielet worden, hat zur selbigen Zeit nur aus 22 Stimmen bestanden, doch sind noch zu seiner Zeit die übrigen 22 hinzu gethan und danechst A° 1633 einige größere Stimmen eingeleget und dagegen kleine heraußgenommen und in den folgenden Jahren also ferner damit fortgefahren worden, bis endlich A° 1691 das Werk vollends versteckt worden, und die vorige Anzahl sich wieder auf 44 Pfeiffenstimmen erstrecket und das Werk der Zeit aus ziemlich großen Stimmen bestanden hat, worunter sich zu mahlen im Brust-Positiv, auch gar viele kleine und schirrende Stimme sich befunden haben, wesfals bey der abermahligen großen Reparation Anno 1707 die Stimmen in Brust-Positiv durchgehend geändert und größer gemacht worden sind, dagegen hat wegen Mangel des Raumes ein Register reduciret werden müssen. Es sind aber zu der Zeit viele alte Register urisiret und an deren Stelle neue Register eingelegt, und ist auch sonsten das Werk in vielen und gutentheils in allen Stücken vortrefflich mit vielen und großen Pfeiffen verbessert und nur auf 43 Stimmen gesetzet worden: und darauf ist letzlich bey der kleinen reparation Anno 1720 alles in vorigen und ungeänderten Stande geblieben, außer das nächst der einstimmung des Werks, nur einige Kleinigkeiten renoviret worden sind. "[6]

Wir erfahren hier authentisch, daß Nikolaus Maaß wirklich diese Orgel in St. Nikolai gebaut hat und finden dies noch bestätigt in einem Brief von seiner eigenen Hand. [7]

"Ehrwürdiger und Hochgelahrter D. Doctor, Euer HE ist zweifels ohne woll bekandt, daß ich für 12 Jahren alhir zum Stralsund eine newe Orgell in S Nicolas Kirchen gebawet, welche mir über 5 000 Fl zustande kommen... ".

Maaß spricht in diesem Brief davon, daß er durch die Vergrößerung der Orgel um das Doppelte "in fernere schulden und zum achtern gekommen" sei. Da leider weder die Disposition der 22 Stimmmen noch die der 44 Stimmen überliefert ist, kann man heute ein Urteil über das erste oder das zweite Konzept für dieses Instrument nicht abgeben. Eine Deutung wird bei der wahrscheinlich Nikolaus Maaß zuzuschreibenden Orgel von 1592 in St. Marien (3. 2) versucht. Für den freilich unwahrscheinlichen Fall, daß die dort mitgeteilte Disposition doch die Orgel von Nikolaus Maaß in St. Nikolai und nicht in St. Marien meint, wäre sie dann diesem Textabschnitt zuzuordnen und beizulesen.

Nikolaus Maaß war einer der bedeutenden Orgelbauer seiner Zeit. Möglicherweise stammte er aus den Niederlanden. [8] Er erwarb 1592 das Stralsunder Bürgerrecht. [9] Als Hoforgelmacher des dänischen Königs Christian IV. ließ er sich 1603/04 in Kopenhagen nieder. Er verstarb 1615. [10]

---

6) Ob mit "Einstimmung" möglicherweise eine Umstimmung in eine "modernere" Temperatur gemeint ist, muß dahingestellt bleiben.

7) Von fremder Hand datiert "29. December 612"

8) Vente, Maarten: Die Brabanter Orgel, Amsterdam 1958

9) Stadtarchiv Stralsund BB.

10) Vente, Maarten: Die Brabanter Orgel, Amsterdam 1958

Die in der zitierten "Nachricht" angeführten Veränderungen der Orgel können wir i. E. präzisieren. Die genannten Arbeiten 1633 sind des "Erbarn und Kunstreichen Paulum Ludemann Orgelbaurs" Werk. Er wurde 1572 in Pasewalk geboren und hat in Stettin und im Raum bis nach Bernau Orgeln von z. T. beträchtlicher Größe erbaut. Schwarz[11] weist ihm 44 Bauten zu. Nach Heyden[12] ist er "in den Stürmen des dreißigjährigen Krieges umgekommen. "

Caspar Sperling (gestorben 1743) führte 1707 ebenfalls klangliche Veränderungen aus, u. a. mit der Anlage eines Glockenspiels. Sperling wird gerne als der "Vater des mecklenburgischen Orgelbaues" bezeichnet. [13]

Christian Gottlieb Richter, "Concessionierter Orgelmacher aus Alten Stettien", finden wir 1730 an der Orgel (4. 2.). Er hat umfangreiche Umgestaltungen im Registerbestand vorgenommen, und mit Sicherheit gingen seine Arbeiten auf Wünsche des Organisten Christoph Raupach, "Musicus Melopoeticus und Organiste der St. Nicolai und Joh-Kirchen" zurück. Ein Glockenspiel, "weil man verspüret, daß solches nichts nutzen kann", wurde wieder stillgelegt, doch bemüht sich Raupach sehr um die "Anlegung eines kleines Nebenwerkes im Pedal, der Heerpaukenzug genannt". Er "dient der Orgel beim Anhaltung langer Lieder und Versammlung einer gar besonders starken Gemeinde zu einer vortrefflichen force im Basse".

2. 3. Christoph Raupach

Johann Christoph Raupach, geboren 1686 in Tondern, war 1703, obwohl erst 16-jährig, Organist zu St. Nikolai geworden und hatte diese Stelle (mit der an St. Johannes) bis zu seinem Tode 1758 inne. Die zitierte Begründung für den Bau des "Heerpaukenzuges" ist die erste Äußerung, die darauf schließen lassen könnte, daß die Orgel nunmehr auch zum Begleiten des Gemeindegesanges gebraucht wurde. Raupach wird sie aber zudem voll ausgespielt haben bei seinen "Musikalischen Allusiones", die er gelegentlich

> "Sonntagnachmittags zum Ausgange auf der Orgel (hören ließ) und deren Erklärung samt den dazu gehörigen Choralversen er zuvor unter die Liebhaber austeilen ließ. Er stellte z. B. am 8. Sonntag n. Trin. 1710 mit der Orgel in einer Sonate vor 'Die sich in ihren Anfechtungen beklagende und mit dem seligmachenden Worte tröstenden Kinder

---

11) Schwarz, Werner: Orgelbau und Orgelbauer in Pommern, Kassel 1958

12) Heyden, Hellmuth: Kirchengeschichte Pommerns, Köln 1957

13) Haacke, Walter: Die Entwicklungsgeschichte des Orgelbaus im Lande Mecklenburg-Schwerin, Wolfenbüttel 1935, und ders. in: The Organ Yearbook, Amsterdam 1975

Gottes. Die Abteilung wurde also gemacht und im Spielen ausgedrückt: 1. Die Anfechtung nach dem Verse: 'Sie wüten fast und fahren her'; 2. Die Klage in dem Verse: 'Ach Gott vom Himmel, sieh darein'; 3. der freudige Trost wurde dann mit dem Verse vorgestellt: 'Die Hoffnung wart der rechten Zeit' usw. ".[14]

Es kann fraglich sein, ob Christoph Raupach diese "Allusiones" komponiert oder improvisiert hat. Vieles spricht für das Letztere. Auf jeden Fall zeigt es, daß die w. u. (3. 3.) dargelegte Entwicklung des Orgelspieles zu einer großen Selbständigkeit der Aufgaben gekommen war, die folgerichtig mehr und mehr aus dem liturgischen Gottesdienst heraus oder, wie in diesem Fall, ganz an das Ende desselben geführt hatte. Diese Orgelmusiken folgten deutlich Lübecker Vorbild, vor allem dem von Buxtehudes "Abendmusiken", nur, daß Raupach in Stralsund einzig die Orgel zur Darstellung nutzte und nicht, wie Buxtehude in Lübeck, zu oratorienhaftem Aufführungsapparat griff bzw. greifen konnte. Die lebenslange Tätigkeit von Raupach läßt auf Verwurzelung seines Tuns und auf gutes Echo in der Bürgerschaft schließen. Raupachs Amtszeit währte 55 Jahre! Daß Raupach in Musiken, wie der genannten, sicherlich auch persönliche Lebens- und Glaubenserfahrung zum musikalischen Ausdruck brachte, darf angenommen werden, wenn man in den Sterberegistern liest, daß er fünf Kinder hat zu Grabe tragen müssen.

2. 4. Weitere Veränderungen an der Orgel

"Einen Wohlgeboren und hochweisen Rath ist bekannt, wie die große Orgel in der hiesigen St. Nicolai Kirche von solcher schlechten Beschaffenheit, daß selbige nach dem Absterben des seeligen Organisten Raupach gar nicht gerühret worden ... "[15]

Nach einem 1760 mit dem Orgelbauer Christian Weldt geschlossenen Kontrakt war die Orgel nach umfangreichen technischen Erneuerungen 1762 wieder spielbar. Weldt hatte sich durch den Neubau einer Orgel in der Greifswalder Marienkirche einen Namen gemacht. Nähere Angaben über sein Wirken und sein Herkommen fehlen infolge ungünstiger Quellenlage völlig. Heyden[16] bezeichnet ihn ohne Quellenangabe als Danziger.

Das Orgelwerk Nicolaus Maaß', das als Instrument des Frühbarock gebaut und zum Instrument des Hochbarock umgestaltet worden war, hätte eine nochmalige Umformung über das Hochbarock hinaus in die Klangwelt der "Zeit der Empfindsamkeit" erfahren, wären die Pläne ihres neuen Organisten Johann Christoph Escherich (1736 - 1794) verwirklicht worden. Der Rat der Stadt verbot sie

---

14) Kümmerle, Salomo: Encyklopädie der ev. Kirchenmusik, Gütersloh 1894

15) Stadtarchiv Stralsund, Ki 130.

16) Heyden, Hellmuth: Die Kirchen Greifswalds und ihre Geschichte, Berlin 1965

schlichtweg, doch sind sie in ihrer Zielsetzung so interessant, daß sie nicht übergangen werden dürfen:

Es war 1776 der Rostocker Orgelbauer Paul Schmidt (1716 - 1798) zu einem Kostenanschlag aufgefordert worden. Escherich hatte eine neue Empore verlangt und ein neues Pedalwerk, "weil das jetzige von gantz enger Mensur, dazu in einem Loche steckt ... ", - doch am wesentlichsten ist neben anderen Änderungen:

> "wünschte herzlich ein forte piano in der Orgel angebracht zu sehen, und würde es aus nachfolgenden Stimmen bestehen: Gemshorn 8' Flaut: d'amour 8' Flaut trav. 8' Spitzflöte 4' Waldflöte 2' Vox humana. "

Die weichen Klänge dieser angestrebten Zusätze, dazu die Neuerung, daß die Pfeifen in einem Gehäuse mit beweglichen Türen stehen sollten, durch deren Öffnen oder Schließen eben ein forte- oder piano-Klang ermöglicht werden konnte: dies alles zeigt völlig neues Klangempfinden, völlig neue Ausdrucksabsichten des Organisten. Da diese Wünsche unmöglich im Rahmen einer Generalreparatur der alten Orgel erfüllt werden konnten, sah Paul Schmidt folgerichtig den Bau eines ganz neuen Gehäuses vor. [14] Wegen der hohen Kosten kamen die Vorschläge nicht zur Ausführung. [15]

Von 1792 bis 1802 war die Orgel pfleglich in Händen von Orgelbauer Christian Kindten (5. 2.). Im Jahr 1837 gaben die Instrumentenmacher Witt und Weith (3. 3. 2.) ihr Urteil übereinstimmend dahingehend ab, daß alles Reparieren an dem alten Werk sinnlos sei. Die Orgel mußte nach über zweihundertjährigem Gebrauch abgebrochen werden. Doch nicht nur die Lebenszeit des Instrumentes war abgelaufen, - es war überdies eine völlig neue Situation in Gottesdienst und Kirche auch für die Musik entstanden, der mit weiteren Veränderungen an diesem Instrument, das schon zu so vielen Umgestaltungen hatte herhalten müssen, nicht zu entsprechen war.

2. 5. Verwendung der Orgel

Über die Verwendung der Orgel liegen uns aus ihrer Frühzeit keinerlei Belege vor. In ihrer ersten Gestalt wird sie der uns heute geläufigen Hauptaufgabe der Orgel, der Begleitung des Liedgesanges der Gemeinde, nicht haben dienen müssen. Dies gab es damals noch nicht. Auch muß in Frage gestellt werden, ob die Gemeinden in Stralsund überhaupt gesungen haben. Anders als vom mitteldeutschen Raum überliefert, in welchem Luthers Lehre mehr durch den Liedgesang als durch Predigten und Schriften populär geworden sei, ist Derartiges von Stralsund weder

---

14) s. a. Prost 4, dort auch Abbildung der Prospektzeichnung von Paul Schmidt.

15) zu Paul Schmidt vgl. Acta Organologica, Bd. 18, Berlin 1985.

in der Primär- noch in der Sekundärliteratur quellenmäßig belegt. Gerade von der Gemeinde St. Nikolai wird man einen Gemeindegesang am wenigsten annehmen dürfen: Patrizier singen nicht! Diese ungute Tradition hat sich fast bis in die Gegenwart erhalten.

Die Orgel wird im Spiel von Versikeln, von Orgelversen, im Spiel sub communione eher ein Partner des Altares als ein Partner der singenden Gemeinde gewesen sein. Auch die klanglichen Veränderungen späterer Umgestaltungen können nicht aus Notwendigkeiten zur Begleitung eines Gemeindegesanges oder verbesserten Möglichkeiten dazu angesehen werden. Unter Johann Christoph Raupach könnte (s. auch 2. 6.) eine Begleitung des Gemeindesingens angenommen werden, doch ist es nicht eindeutig belegt. Gerade seine "musikalischen Allusiones" sprechen mehr für ein Spiel vor der Gemeinde und nicht zugleich mit ihr. Doch muß die Begründung der Anlage des "Heerpaukenzuges" "bei Anhaltung langer Lieder und Versammlung einer gar besonders starken Gemeinde zu einer vortrefflichen force im Basse" stutzig machen. Hier könnte tatsächlich schon auf eine Liedbegleitung angespielt worden sein, obgleich sich der Verf. , der an der Stellwagen-Orgel ebenfalls einen solchen Zug hat, die praktische Verwirklichung nur schwer vorstellen kann.

Johann Christoph Escherichs nicht verwirklichte Vorschläge haben allein künstlerische Zielstellung, wobei diese natürlich dem gottesdienstlichen Spiel dienen sollten, - jedoch lassen sie keine direkte Verbindung zum Begleiten des Gemeindegesanges erkennen.

Dem Spiel der jeweils modernen Orgelliteratur und eigener Kompositionen wie Improvisationen haben die jeweiligen Organisten und Orgelbauer das Instrument jedoch stets weitgehend angepaßt. Mag man auch die Verfremdung der Orgel gegenüber ihrer ersten Gestaltung kritisch beurteilen, zeigt sie jedoch eine starke Gegenwartsnähe zum jeweiligen musikalischen Ausdruckswillen der Spieler und ihm entsprechendes Nachgestalten der Orgelbauer.

2. 6. Die "kleine Orgel"

In der St. Nikolaikirche gab es noch eine weitere Orgel, über deren Erbauer, Erbauungszeit und späteren Abbruch wir jedoch nicht exakt unterrichtet sind. Nur eine völlig neue Disponierung wurde uns überliefert,

> "danach die kleine Orgel in der Bombardierung A° 1715 fast gänzlich spolyret und zernichtet worden und nichts mehr als der principal in esse geblieben ist". [19]

---

19) Pfarrarchiv St. Nikolai "Alte in Archiven ... "

Diese Überlieferung spricht von "Reparation A° 1635 und so fort bis 1691", weiß jedoch auch nichts genaueres, - nennt den Fortfall zweier kleiner Register zugunsten eines (?) größeren,

> "sollte anders das kleine Werk zu einiger Mannheit gebracht werden und daß Thon-Maaß nach der großen Orgel genommen werden".

Sollte mit dem "Thon-Maaß" eine Umstimmung zu einer mehr gleichschwebenden Temperatur gemeint sein? Die Neudisponierung braucht uns hier nicht zu beschäftigen, doch ist wichtig, daß das Instrument seitlich des Hohen Chores, also wohl auf der Südempore im Umgang stand (wo jetzt wieder eine Orgel Platz fand), zu den Mittwochs-Gottesdiensten gespielt wurde (also wohl Liedbegleitung) und "... ohne dem zur Musik unvergleichlich gelegen ist", - d. h. als Continuo-Instrument zur Begleitung von Figuralmusik genutzt wurde.

2. 7. Die Orgel von Carl August Buchholz

Als 1828/1829 die Stellwagen-Orgel in der Marienkirche von dem Berliner Orgelbauer Carl August Buchholz wiederhergestellt worden war (3. 3. 3.), muß man den Meister auch in die Nikolaikirche eingeladen haben, um eine neue Orgel für diese Kirche zu projektieren, denn es liegt eine Disposition mit Kostenanschlag bereits vom 14. Februar 1829 vor. [20] Auf diesem Anschlag fußt ein Neubeginn der Verhandlungen 1837.

2. 8. Carl August Buchholz

Carl August Buchholz (1796 - 1884) war der zweite Vertreter einer in drei Generationen tätig gewesenen Orgelbauerfamilie in Berlin. [21] Er galt als einer der tüchtigsten Orgelbauer im norddeutschen Raum, dessen Verdienste auch dadurch Anerkennung finden sollten, "daß er 1851 von der Akademie der Künste in Berlin zum Mitgliede ernannt wurde".[22] Sein Wirken in Vorpommern umfaßt 32 Werke.[23]

Carl August Buchholz änderte den Klang seiner Orgeln schon, als das Orchester seiner Zeit noch das alte geblieben war und z. B. Felix Mendelssohn-Bartholdy noch 1836 im Oratorium "Paulus" einen Serpent verwendete. Im Plenum klingen Buchholz-Orgeln mild, klar und leuchtend. Sie waren in Norddeutschland die

---

20) Pfarrarchiv St. Nikolai 53.

21) s. a. Prost 5.

22) Kümmerle, Encyklopädie, Gütersloh 1894.

23) s. a. Prost 5.

letzten Instrumente, auf denen man Bachs Präludien und Fugen ohne jedes Bedürfnis nach klanglicher Abwechslung spielen konnte. Doch Register wie Gemshorn, Salicional, Piffaro, Flaut traverso, Viola d'amour, Violone u. a. bieten in Buchholz' Intonation neue Klangwelten an.

Ganz sicherlich entsprach er damit generell den Wünschen seiner Auftraggeber; er mußte diesen ja entsprechen, wollte er seinem Betrieb eine gesicherte Existenz und damit auch seinen Mitarbeitern Arbeit und Brot garantieren. "Auftragsgeber" waren jedoch in erster Linie Kirchengemeinden und als deren Sprecher die Geistlichen. Er soll nicht beiseite gelassen werden, daß diese sicherlich auch von dem allgemeinen Zeitgeschmack berührt waren, doch darf man sich diese Berührung zu einer Zeit ohne Rundfunk und ohne häufige Reisemöglichkeiten zu Städten mit großer Musikpflege nicht zu intensiv vorstellen.

2. 9. Indirekter Einfluß Schleiermachers

Dem Verf. will es vorkommen, als gäben Buchholz-Orgeln die religiöse Welt Friedrich Schleiermachers (1768 - 1834) besonders schön wieder, obwohl sich dies nicht direkt belegen läßt. (Schleiermacher stand der Orgel eher skeptisch gegenüber, äußerte sich jedoch über sie nur im Zusammenhang mit dem Gottesdienst[24] und nicht als Instrument in selbständigen kirchenmusikalischen Veranstaltungen). Sein Religionsbegriff sprach zwar von einer "Bestimmtheit des Gefühls", aber eben doch von der Religion als des "Gefühles schlechthinniger Abhängigkeit". Die Aufgabe der Orgel wurde damit eine gefühlserweckende, eine Erbauung stiftende. Dem entsprach der Klang der Buchholz-Orgeln nun auf's beste.

2. 10. August Wilhelm Bach und Georg Carl Benjamin Ritschl

Die von C. A. Buchholz für St. Nikolai in Vorschlag gebrachte Disposition war in diesem Sinn zwar schon charakteristisch und gut, bedeutend wurde die Orgel aber erst durch die Mitwirkung zweier Männer, die sich von früherem gemeinsamen Wirken an der Berliner Marienkirche her kannten und aus deren Leben der Einfluß Friedrich Schleiermachers nicht wegzudenken ist: Musikdirektor August Wilhelm Bach und Bischof Carl Benjamin Ritschl.

August Wilhelm Bach (1756 - 1869), kein Verwandter J. S. Bachs!, war seit 1816 Organist an der Berliner Marienkirche und damit Hörer der Predigten Ritschls (s. w. u.). Seit 1832 war er auch Direktor des Instituts für Kirchenmusik in Berlin.

24) Schleiermacher, Friedrich: Literarischer Nachlaß, Berlin 1850, Bd. 8, S. 122 und 168.

Er wurde der Orgellehrer des jugendlichen Felix Mendelssohn-Bartholdys. Die Mendelssohns waren wiederum mit Schleiermacher befreundet.

Und hier schließt sich der Kreis:

Ritschls Predigten übermittelten Schleiermachers Theologie, und A. W. Bach hörte dies. Er unterrichtete den jungen Felix Mendelssohn, in dessen Elternhaus ebenfalls Schleiermacher verkehrte. Ritschl und A. W. Bach wirkten auf den Orgelbauer C. A. Buchholz ein, - die Buchholz-Orgeln werden zu einem Konglomerat aller dieser Einflüsse. Man kann es sich unschwer vorstellen und heute noch am Klang von Buchholz-Orgeln hören.

Carl Ritschl (1783 - 1858) wurde zunächst 1810 - 1825 Prediger an St. Marien in Berlin und dann seit 1826 Bischof von Pommern und erster Prediger an der Schloßkirche zu Stettin. Er

> "war eine Persönlichkeit von hervorragenden Eigenschaften ... Er stand der Theologie Schleiermachers nahe und bewies in seinen Predigten biblische Tiefe, obwohl er nicht völlig von Rationalismus seiner Tage frei blieb. Er verfügte über starke musikalische Begabung, war Mitglied der berühmten Zelterschen Liedertafel in Berlin gewesen und hatte reiche Kenntnis auf liturgischem Gebiet". [25]

Es ist aus den Akten nicht mehr zu entnehmen, wer diese beiden Männer für den Bau der Orgel in St. Nikolai-Stralsund interessiert hat. Beide haben Buchholz' Disposition merklich verändert. A. W. Bach griff mit nicht weniger als neun Korrekturen ein, indem er Register einsetzte, die zu seiner Zeit eigentlich nicht mehr Allgemeingut waren, Ritschl, indem er zwar A. W. Bachs Vorschläge billigte, jedoch geradezu entgegengesetzt zu ihnen zwei (oder drei?) tiefe Baßstimmen als Zusatz forderte. So bekam die Orgel ein wunderbar abgerundetes Klangbild (10.1.). Am 10. August 1841 wurde sie abgenommen, jedoch gewinnt man den Eindruck, als habe es das Vermögen der Organisten dabei überstiegen, die Orgel wirklich in ihrer spezifischen Aussage und ihrem besonderen Wert auszuspielen und zu würdigen.

Nach dem unguten Prinzip,

> "wenn ein Werk aber von der Bedeutung und Größe der Nicolaiorgel keinen vernachlässigten Eindruck machen soll, so ist es sehr wünschenswert, daß es durch Einschaltung moderner Stimmen und allmähliche Erneuerung der älteren auf Zeit gemäßer Höhe gehalten wird", [26]

wurden jedoch bis 1935 nicht weniger als 19 Veränderungen gegenüber dem Originalen vorgenommen, zum Schaden des Instrumentes. Denn es würde Großartiges für Stralsund als Orgelstadt heute bedeuten, könnte man diese Orgel im Originalzustand noch jetzt gottesdienstlich und in Konzerten nutzen! Ein klanglich nahezu gültiges Bach-Spiel und ein voll gültiges Spiel der Mendelssohnschen

25) Heyden, Hellmuth: Kirchengeschichte, Köln 1957

26) Pfarrarchiv St. Nikolai, Orgeln in St. Nikolai, Bd. I.

Orgelmusik wäre genauso möglich wie ein durchaus eigenständiger Beitrag des Orgelklanges zum Gottesdienst.

2. 11. Umgestaltung im Sinne der "Orgelbewegung"

Als sich der Gemeindekirchenrat von St. Nikolai 1935 entschloß, die Orgel umfassend umgestalten und vergrößern zu lassen, sollte die Zielstellung nicht eine symphonische Großraum-Orgel sein, sondern ein Instrument im Sinne der "Orgelbewegung".

Man muß von mehreren Etappen der sogenannten "Orgelbewegung" sprechen. Die erste war die "Elsässische Orgelreform" unter Führung von Albert Schweitzer (1875 - 1965). Als Interpret namentlich Bachscher Orgelwerke sah er zwei Orgeltypen als die geeignetsten an: die Orgeln des elsässischen Orgelbauers Andreas Silbermann (1678 - 1734) und die Orgeln des Pariser Orgelbauers Aristide Cavaille-Coll (1811 - 1899). Zwischen diesen beiden Orgeltypen suchte Schweitzer eine Synthese für den zeitgenössischen Orgelbau.[27]

Als zweiter Impuls ist der Bau der "Prätorius-Orgel" 1921 im Institut für Musikwissenschaft (Wilibald Gurlitt, 1889 - 1963) der Universität Freiburg/Br. und eine Freiburger Tagung 1926 zu nennen. Eine Orgel nach alter Disposition wurde (vermeintlich) nachgebaut und erwies sich als impulsgebend für zunächst überwiegend als Stilkopie konzipierte neue Orgeln, aber auch für die Interpretation alter Orgelmusik.

Zum dritten trat Hans Henny Jahnn (1894 - 1959) auf dem "Hamburger Organistentag" 1925 vor die Orgelwelt und propagierte die Orgel des norddeutschen Barock, ihre Literatur und deren Interpretation. [28]

Keine der drei genannten Etappen hat eine theologische Fundierung oder Zielsetzung erkennen lassen. Bei einem Theologen wie Albert Schweitzer ist dies verwunderlich, - für ein musikwissenschaftliches Institut lag es außerhalb des Forschungsbereiches, - und wenn Jahnn von "kultisch" und von "Kultstätte" als Heimat der Orgel sprach, war von ihm niemals Kirchlich-Liturgisches gemeint: Jahnn war nicht Christ. [29]

Es bedurfte einiger Mühe, "Orgelbewegung" und "Kirche" zueinander zu bringen, und es wurde dies vor allem in den lutherischen Landeskirchen möglich.[30]

---

27) Schweitzer, Albert: Deutsche und französische Orgelbaukunst und Orgelkunst, Leipzig 1906.

28) Jahnn, Hans Henny: Die Orgel und die Mixtur ihres Klanges, Klecken 1922.

29) Begegnungen mit Hans Henny Jahnn rechnet der Verf. zu den großen Stunden seines Lebens.

30) Mahrenholz, Christhard: Fünfzehn Jahre Orgelbewegung, Kassel 1935; ders. : Orgel

In der Pommerschen Kirchenprovinz waren es vor allem Superintendent Scheske-Dramburg und Vikar Rößler, die sich, wenn auch auf unterschiedliche Weise, für die Orgelbewegung einsetzten. Ernst Karl Rößler wurde dann auch um Beratung bei der Neugestaltung der Orgel in St. Nikolai gebeten. Praktisch-theologische Aspekte sind jedoch auch von ihm nicht geltend gemacht worden.

Man muß bedauerlicherweise sagen, daß über dieser Umgestaltung im Sinne der Orgelbewegung kein guter Stern stand.[31] Schon der Ansatzpunkt, unbedingt die größte Orgel Pommerns haben zu wollen, war ein anfechtbares Motiv. Christhard Mahrenholz (Hannover) und Fritz Heitmann (Berlin) nahmen zur vorgesehenen Disposition gutachtlich Stellung, ohne den Raum und die bisherige Orgel jemals gesehen zu haben. Der Gemeindekirchenrat verwarf Angebote erfahrener Orgelbauwerkstätten und beauftragte eine bislang ziemlich unbekannte Firma, Reinhold Heintze - Kolberg/Stralsund, ohne sich über recht bedenkliche Werbesprüche ("... und beschäftige ich in meinem Betrieb nur arisches Personal") Gedanken zu machen.[32] Die Orgel erhielt neue "barocke" Register aus dem Obertonbereich und aus dem weiteren Bereich charakteristischer Klangfarben des norddeutschen Orgelbarock, wobei man geflissentlich übersah, daß ja in St. Marien eine Barockorgel weitgehend original vorhanden war, - und man berücksichtigte nicht, daß eine neobarocke Disposition niemals aus einem Flächenprospekt der romantischen Orgel heraus klingen konnte. Von der Konzeption einer wirklich gegenwarts-charakteristischen Orgel blieb man weit entfernt (10. 2.), und so führten alle Bemühungen nicht zu einem guten Gelingen. Dreimal mußte die Abnahme der Orgel verschoben werden, erst beim vierten Termin (26. Januar 1936) war die Orgel spielbar, - technisch unzuverlässig blieb sie weiterhin. Die Gemeinde hätte sich von dem Instrument, als es durch den Bombenangriff auf Stralsund am 06. 10. 1944 Schaden genommen hatte, trennen sollen. Doch hätte dies die Preisgabe des Stolzes auf die "größte Orgel des Kirchengebietes" bedeutet. Die Potsdamer Orgelbauanstalt A. Schuke wurde mit dem Wiederaufbau beauftragt, der nur in mehreren Bauabschnitten zu schaffen war (1951 und 1955). Das Rückpositiv wurde neu gebaut, das Oberwerk ist bis heute noch nicht erstellt. Das Können der Orgelbauer soll nicht angezweifelt werden, doch voll befriedigen konnte auch dieser Neuaufbau mit abermaliger Neufassung der Disposition nicht.[33]

---

und Liturgie, Kassel, 1927; Mehl, Johannes: Die Aufgabe der Orgel im Gottesdienst der lutherischen Kirchen, München 1938.

31) s. a. Prost 4.

32) Kirchenarchiv St. Nikolai, Orgelakten.

33) Kirchenarchiv St. Nikolai, Orgelakten.

2. 12. Die Schuke-Orgel neben dem Hohen Chor

Im südlichen Seitenschiff neben dem Hohen Chor steht seit 1986, ursprünglich durch ein Baukonzept für die Generalsanierung des Kirchenraumes gefordert, eine sehr schöne neue Schuke-Orgel (11. 3.). Ihre Intonation ist auf Klangverschmelzung und Farbenreichtum hin angelegt.

"Schuke-Orgel-Sommer-Konzerte" in St. Nikolai werden mit "Stellwagen+Orgel+Sommer+Konzerten" in St. Marien im Wechsel angeboten. Dabei erlauben die Orgeln in St. Nikolai eine Ausweitung des Literatur-Umfeldes, die der historischen Orgel in St. Marien versagt ist, besonders auch aus der Frühzeit der "Orgelbewegung" (Johann Nepomuk David, Friedrich Micheelsen u. a.). Was über die Konzerte an St. Marien aus eigenen Erfahrungen des Verf. gesagt wird (3. 3. 9.), darf mutatis mutandis auch für die Konzerte an St. Nikolai gelten und möchte an dieser Stelle erwähnt werden. Die Kirchenmusiker Stralsunds verstehen ihren Dienst, auch und gerade auch den der Orgelkonzerte, nicht als "Kulturpflege" und nicht als "Wahrung des kulturellen Erbes", sondern als Dienst im Auftrag der Kirche. Sie werden darin von den Hörern angenommen und dürfen sich eines guten Echos dankbar freuen.

3. Orgeln in St. Marien

Die Marienkirche, als Pfarrkirche der Neustadt 1298 erstmalig genannt,

> "der riesige Neubau, ein Hauptwerk der norddeutschen Spätgotik, ist mit 99 m Länge und 33 m Innenhöhe die größte Kirche der Stadt... Das Bemühen, die Kirche der Altstadt und des Rates St. Nikolai zu übertrumpfen, (ist) in allem offensichtlich. "[34]

Daß hier schon früh Orgeln gestanden haben, ist aus Legaten zu entnehmen.

3. 1. Frühe Orgeln

In seinem Testament[35] bestimmt Wendel Buckes 1492 "für die Orgel der Marienkirche die beiden großen Kannen". Es muß sich um den Bau einer der Orgeln gehandelt haben, von denen heute einzig in Heft 2 der "Stralsunder Heimatbücher" etwas überliefert ist, - die Primärquellen sind kriegszerstört.

> "Im Jahre 1493 wird ein großes Orgelwerk von dem Meister Johann Sculte erbaut, der einige Jahre darauf ein zweites Orgelwerk aufstellte, das als das kleine Werk von dem ersten unterschieden wird und nach dem Turme zu lag. Die Hauptorgel befand sich im Chorumgang überhalb des überwölbten Raumes ("Bruderschaftskapelle", Anm. d. Verf.), wo noch heute die alte hölzerne Brüstung zu sehen ist. Der genannte Meister Sculte hat in seinen späteren Jahren noch einmal eine Reparatur an dieser Orgel ausgeführt, von der es heißt: 'kostede gelt genuch'". [36]

3. 2. Die mutmaßliche Orgel von Nikolaus Maaß

> "Fünfzig Jahre später wird von einer 'neuen' Orgel berichtet, die wir uns wohl schon an der Stelle der heutigen zu denken haben werden, sie wurde dann bei dem großen Turmbrand mit vernichtet". [37]

Die Zeitangabe ist nur relativ gesetzt, doch wird es sich um den Neubau gehandelt haben, zu dem laut seines Testamentes 1571 Joachim Möller zum Bau der neuen Orgel in der Marienkirche 30 Mark stiftete. [38] Aller Wahrscheinlichkeit

---

34) Dehio, Georg: Handbuch der deutschen Kunstdenkmäler, Berlin 1968

35) Stadtarchiv Stralsund, Test. 774.

36) Jahn, Walter: Die Marienkirche, in: Stralsunder Heimatbücher, Stralsund 1930.

37) ebenda.

38) Stadtarchiv Stralsund, Test. 1128.

nach - der Verf. ist nicht ganz so sicher wie Vente[39] - handelt es sich bei dieser Stiftung um einen Beitrag zum Bau der Orgel von Nikolaus Maaß (2. 2.). Für diese Annahme spricht, daß eine von Michael Prätorius überlieferte Disposition[40] "Stralsund/ Dessen Meister Nicolaus Maaß gewesen/ der sich hernach bey Kön. Majest. In Dennemarck uffgehalten/ hat 43. Stimmen" (10. 4.) sich in die Angaben über die Orgel in St. Nikolai, die sich aus späteren Umbauphasen (und nur aus diesen) herauslesen lassen, nicht fügen lassen will. Gegen die Annahme spricht, daß die Marienkirche von Prätorius nicht ausdrücklich genannt wurde, und daß alle Primärquellen verloren sind. Wenn dies die Orgel war (10. 4.), die bei einem Turmbrand und Gewölbeeinsturz am 10. August 1647 vernichtet wurde, wird sie bereits zwar an der Westseite des Kirchenschiffes, aber in Höhe der von den Turmtreppen abgemauerten direkten Zugänge Platz gehabt haben.

3. 2. 1. Verwendung der Orgeln

Die erste Orgel von Meister Sculte hat, da unmittelbar neben dem damals noch rundum offenen Altarraum der Kirche gelegen, mit Sicherheit dem Altargesang als Partner gedient. Intonationen von einzelnen Altargesängen, Versikel zwischen ihnen, aber nicht etwa eine konstante "Begleitung" des Altargesanges, werden ihre Aufgabe gewesen sein.

Die kleine Orgel, "nach dem Turm zu" gelegen, denkt sich der Verf. überwiegend als Begleitinstrument, zu solistischer oder chorischer Musik genutzt.

> "Die Praxis, mit der Chororgel den a capella-Chor zu stützen, indem der Organist das ganze Stimmengewebe in seine Tabulatur übertrug (intavolierte'), so daß es fehlende Stimmen ergänzte und vorhandenen verstärkte, besteht allgemein mindestens schon seit 1450". [41]

Es gibt bis heute dafür akustisch sehr geeignete Plätze in dem großen Kirchenraum zu ebener Erde.

Die vermutete Orgel des Nikolaus Maaß auf einer Westempore bezog nicht nur akustisch die gesamte versammelte Gemeinde in ihren Dienst ein, sondern sie wurde jetzt gemeinsam mit der Gemeinde Teilnehmerin am Gottesdienst, wie es lutherischem Gottesdienstverständnis entsprach. Zwar fehlen Belege aus Stralsunder Primärquellen gänzlich, jedoch spiegelt sich diese Teilnahme der Orgel in Bugenhagens Kirchenordnung[42] wie folgt wieder:

39) Vente, Maarten: Brabanter Orgel, Amsterdam 1958
40) Prätorius, Michael: syntagma musicum II, 1619.
41) Moser, Hans Joachim: Musiklexikon, Berlin 1935, S. 258
42) Bugenhagen, Johannes: Kirchenordnung. Im Pfarrarchiv St. Marien-Greifswald vorhanden (gewesen), aus dem Mittelniederdeutschen vom Verf. 1948 zum

"Offizium missae oder Communion: Wenn diese Gesänge unter der Communion gesungen werden / sollen die Organisten ihren Gesang mit der Orgel desto kürzer machen / und keine weltlichen / leichtfertigen Gesänge schlagen. Der Pastor soll darauf achten / daß die Orgeln dermaßen modereret werden / daß man die deutschen Psalmen unter der Communion ganz zu Ende singe / und dass die vorgeschriebenen oder vorgesetzten Gesänge umschichtig gesungen werden / daß der Chor / und das Volk einen Vers um den andern singe / auf daß sie alle zugleich den Schülern und der Gemeinde gebräuchlich werden / deswegen kann der Organiste einmal zum Anfange / einmal in der Mitte / nach Gelegenheit / einmal zum Ende vor der Kollekte orgeln".
"Des Sonnabens / oder am Festabend zur Vesper: Wo Orgeln sind / soll der Organist nach der Psalmodia auf der Orgel sein / und zum Responsorio, Hymno und Magnificat schlagen".

Die Registrieranweisung eines Samuel Scheidt (1587 - 1654) zu seinen Choralbearbeitungen, unter denen besonders auch der Psalmus sub Communione "Jesus Christus unser Heiland" zu nennen wäre, können theoretisch auf der mutmaßlichen Maaß-Orgel nahezu wörtlich nachvollzogen werden.

An dieser Orgel war Johann Vierdanck, ein Schüler von Heinrich Schütz, ab 1634 Organist. (Sein Geburtsdatum ist unbekannt, er wurde begraben am 04. 01. 1646). Von seinen Orgelwerken war bislang nichts bekannt, bis Herr Burkhard Köhler, Greifswald, 1991 ein Fragment "Toccata i. Toni J Vierdanck" in der Bibliothek der Universität Uppsala entdeckte (Siqua Vok. mus. Us 37:12). Die Handschrift bricht nach 20 Takten ab, ist jedoch das einzige vorliegende Zeugnis von Orgelmusik Vierdancks überhaupt. Diese Takte zeigen große Ähnlichkeit mit dem Instrumentalsatz Vierdancks in seinen "Geistlichen Konzerten" und nichts Orgel-Eigenständiges.

So dankbar man Michael Prätorius für die Überlieferung einer Stralsunder Orgeldisposition auch sein muß: letzte Gewißheiten über das in Rede stehende Instrument fehlen, und man kann kaum noch Hoffnung haben, daß sie durch den Fund unerwarteter Primärquellen noch gegeben werden könnten.

Bei einem Brand des Kirchturmes am 10. August 1647 wurden durch den Einsturz desselben nicht nur die Gewölbe der Kirche zerschlagen, sondern auch durch weitere Brände im Kircheninneren die Orgeln vernichtet. Wohl nur die kleine Orgel Scultes, "mehr dem Turm zu gelegen", scheint die Katastrophe überstanden zu haben, denn in den "Allgemeinen Ausgaben" der Kirchenrechnungen von 1649 steht:[43]

"den 30. (Okt.), dem Orgelbawer das er an dem Posetif etwas verferdiget -, 12 Rthl".

Privatgebrauch übertragen.

43) Kirchenarchiv von St. Marien.

3. 3. Die Orgel von Friedrich Stellwagen

Über den Bau einer neuen, großen Orgel liegen im Kirchenarchiv und im Stadtarchiv keine direkten Unterlagen (Kostenanschlag, Kontrakt, Rechnungen, Abnahmebericht etc.) mehr vor. Es muß befürchtet werden, daß sie alle verloren sind. Einzig im "Rats-Kirchen-Archiv" des Stadtarchives Stralsund finden sich Hinweise, die die Baugeschichte der Orgel verfolgen lassen und auch den Namen des Orgelbauers übermitteln. [44] Der Verf. übergeht hier Einzelheiten und zitiert lediglich das erste und die beiden letzten der in Betracht kommenden Protokolle:

> "Lune 27 Jung A° 1653 H. D. Schwartz referiert das Sie mit dem Orgelbawer gerehdet Wegen erbawung der Orgell zu St. Marien, Welcher in etwa antwortete, Wie Viele Stimmen er verfertigen; Und Wie Viele Unkosten Sie erfordern würde, Darauf die Provisores mit ihm angefangen zu handeln, Und Wie es im project enthalten eingewilliget, begehrten also Was dabey zu erinnern anzuzeigen.
> Concl: Dafern die Mittel bey der Kirchen Vorhanden, sey in Gottes nahmen mit erbawung der Orgel zu Verfahren, Und mit dem Orgelbawer zu schließen".
>
> "Jovis 28. Aprily (1659) Ein schreiben von Ihrer Fürstl. Gnaden von Güstrow wegen des Orgelbauers Gottfried Stellwagen einkommen wird verlesen.
> Conc. wird H. D. Billeb und H. Georgion Pansowen committiret, den einhalt dieses Schreibens dem Orgelbauer zu eröffnen, und zugleich einen gewißen tag sich benennen laßen, auf welchen vor Pfingsten Er angenommener maßen die Orgel liefern wolle".
>
> "Saturni 25 Februar (1660) Sehl: Friederich Stelwagens Hinterbliebenen witwen schreiben verlesen worden
> Conc: p. maior: daß, weil er seine dienste von der Kirchen ehrlich bezahlet bekommen, auch mit dem empfangenen recompans friedlich gewesen, nicht dienlich sei, bei ietzigen gefahrlichen laufften die Kirche mit weiteren ausgaben zu beschweren. Gleichwohl sollen aus comiseration der witwen von gemeiner stadt a 12 Rcht gereichet, auch ihrethalben a. E. E. Raht zu Rostock geschrieben werden, den Schiffer Tide Maaß dahin zu zwingen, daß er vor die empfangene fracht geregte witwe mit den ihrigen laut seines hie von sich gegebenen reverses nach Lübeck frei schaffte".

War zwar die Kirche Auftraggeber und Bauherr, so war doch der Rat der Stadt als Patronatsherr für die finanzielle Sicherheit der Kirche verantwortlich. Er gab erstaunlich schnell seine Zustimmung zu dem Orgelbau.

> "Zur Deckung der Kosten dieses Baues wurde in der ganzen Stadt eine Collecte gehalten, welche 620 Rthl. 17 11/2 ßl. einbrachte",

wußte die "Sundine"[45] als 1829 noch alte Quellen reichlicher zur Verfügung gestanden haben müssen, zu berichten. Über die gesamte Kostenhöhe ist nichts

---

44) s. a. Prost 1. Dort ausführliche Darstellung der Baugeschichte.

45) "Sundine", Zeitschrift für Unterhaltung und Geistesverkehr, Stralsund 1828/29.

überliefert. Zahlen wären auch nur dann aufschlußreich, wenn zugleich überliefert wäre, was die Kirchengemeinde an weiteren Eigenkosten (Material, Quartier, Verpflegung und dergl. mehr) beizusteuern gehabt hatte und wenn Angaben über damalige Preise dann zu ihnen in Beziehung gebracht würden. Es ehrt den Rat der Stadt, daß er nicht nur bereits dem Meister "zu seiner Notdurft über den Contract etwa 50 Rthler" gereicht hatte, sondern auch nach seinem Tode der Witwe finanziell und autoritativ zur Seite sprang.

Die originale Disposition der Stellwagen-Orgel konnte anhand der Registeraufschriften, wie sie auf den Registertafeln des Spielschrankes unter starker Übermalung wieder zum Vorschein gebracht wurden, ermittelt werden und außerdem durch Notizen auf den Windladen.

Zu Rate gezogen werden konnte darüber hinaus eine von mehreren Handschriften, die im Pfarrarchiv zu Basedow/Mecklenburg aufbewahrt sind. Für den Bau der dortigen Orgel hat man sich kurz vor 1680 Rat geholt durch Abschriften mehrerer berühmter Orgeln, auch der Stellwagen-Orgel von St. Marien. Leider hat sich der Abschreiber aber gelegentlich am Spielschrank beim Abschreiben vertan und Registerreihen verwechselt, - es muß ein Laie gewesen sein. Der Vorgang, der zu Irrtümern führte, kann heute noch leicht rekonstruiert werden. Dadurch hat die "Basedower Handschrift" nur bedingten Wert , ist aber als früheste noch erhaltene schriftliche Überlieferung der Registernamen dennoch von großem Wert (10. 5.).

Die Orgel ist errichtet auf einer Empore an der Westseite des Langschiffes der Kirche. Freitragende Eichenbalken, im Emporenhintergrund verankert, zum Kirchen- und Turmhalleninneren mit bemalten Tafeln verkleidet, bilden den Emporenbau, auf welchem sich der "Orgelstuhl" erhebt. Die Empore hat ihren Fußboden etwa 12,50 m über dem der Kirche, die höchste Spitze des Orgelgehäuses ragt in das insgesamt etwa 32 m hohe Kirchenschiff nahezu hinein.

Hauptwerk und Oberpositiv sind in einem Hauptgehäuse, welches auch den Spielschrank mit den drei Manualklaviaturen, der Pedaltastatur und den Registerzügen beherbergt, übereinander angeordnet und in der Waagerechten durch großen Abstand getrennt. Das Rückpositiv ragt, hinter dem Rücken des Spielers plaziert, am weitesten in den ca. 99 m langen Kirchenraum hinein. Das Pedalwerk ist in zwei großen Türmen rechts und links vom Hauptwerk und Rückpositiv aufgestellt, in meterweitem Abstand von diesen.

Der musikalische Zweck dieser Aufstellung, die in der Barockzeit als reifste Frucht einer jahrhundertelangen Entwicklung bis an die äußerste Grenze des Möglichen gehandhabt wurde, war nicht nur, jedem Klangkörper beste Abstrahlungsmöglichkeiten zu geben, sondern auch, die Pfeifengruppen der einzelnen Werke, nacheinander oder in gegensätzlicher Gleichzeitigkeit gespielt, sich deutlich voneinander abheben zu lassen. Das Werkprinzip bei der Orgel ist identisch mit dem antiphonalen Prinzip chorischen oder instrumentalen Musizierens: So, wie in den Kirchenraum mehrere "Schwalbennester" eingebaut sind, von denen mehrchörig gesetzte Musik, deutlich hörbar einmal von dieser, einmal von jener Empore kommend, erklingen kann, so sollen auch die Orgelklänge deutlich wahrgenommen werden als aus dem Rückpositiv, dem Oberpositiv, dem Hauptwerk, dem Pedal herrührend.

Die sichtbaren Pfeifen im Prospekt sind zumeist klingend, Ob die jetzt stummen Pfeifen der höhebetonend hervorspringenden sechs Pfeifentürmchen einst auch klingend gewesen sein könnten, ist eine bislang offene Frage.

Das gesamte Orgelgehäuse ist außerordentlich reichhaltig ausgeschmückt, wobei freilich gefragt werden muß, ob sich das Dargestellte wirklich nur als Schmuck, oder etwa auch als Symbol verstanden wissen will. [46] Ein direkter Zusammenhang zwischen den Figuren auf den einzelnen "Werken" und dem Klang eben dieser "Werke" hat sich nicht finden lassen, abgesehen von einer auffälligen Gestaltung der sogenannten "Schleierbretter" der Pedaltürme: von vorne betrachtet, sind es Fratzen, - also nicht zur "heiligen Musik" gehörig; von der Seite aus betrachtet sind es harfespielende Engel, - also sehr wohl zugehörig. Soll damit dargestellt werden, daß man den Pedalklang besonders abgespalten (Fratzen) oder auch dazugehörig (Engel) registrieren kann? Man kann dies jedoch auch bei allen anderen Werken, so daß auch diese Deutung nicht viel für sich haben kann.

3. 3. 1. Deutung der Orgel und der für sie typischen Musik

Eine symbolische Deutung der Disposition und damit des Klanges dieser Orgeln des norddeutschen Barock und seines "Werkprinzipes" gab Friedrich Bihn, Organist an der Schnitger-Orgel der St. Jacobi-Kirche zu Hamburg[47], und der Verf. ist sehr geneigt, ihr zu folgen:

Das Rückpositiv birgt in sich größte Gegensätze: etwa Klänge freudiger Festlichkeit, stille Klänge herber Schmerzlichkeit, scharf-schneidendes Dreinfahren, Klänge aus der Tradition der alten Stadtpfeifermusiken, liebliche Glockenspiel-Nachahmung: alle Affekte der "Welt" sind bereitgestellt. Demgegenüber finden wir im Oberpositiv nur Ruhe (selbst bei kräftiger Lautstärke) und liebliches Engelspiel: es ist die "Frömmigkeit", die uns aus dem Oberwerk entgegenklingt. Das Hauptwerk läßt sich vor allem groß und repräsentativ vernehmen: die "Kirche", in der Barockzeit <u>die</u> zentrale Lebensmacht schlechthin, hat in ihm ihren

---

46) Zaske, Nikolaus: Die gotischen Kirchen Stralsunds und ihre Kunstwerke, Berlin 1964. Die dort angebotene Interpretation muß jedoch wegen mehrerer Einzelirrtümer sehr in Frage gestellt werden.

47) Mündliche Mitteilung an den Verfasser.

Ausdruck gefunden. Das Pedalwerk schließlich, besonders reich besetzt, vermag sich allem anzupassen oder von allem abzuspalten und, wie auch räumlich, zusammenfassend oder abgesondert die Klänge der anderen Werke zu begrenzen.

Die gesamte norddeutsche Orgelmusik des Barock lebt von einer sich in diesen Kontrasten der "Werke" abspielenden Musizierpraxis, und der Aufbau der Kompositionen wie der Aufbau der Orgeln bedingen einander.

Das Wissen, daß mit der Darstellung einzelner Kompositionsteile auf Rückpositiv, Oberpositiv oder Hauptwerk zugleich gemeint ist "Welt-Frömmigkeit-Kirche", sollte für den Hörer dieser Orgelmusik immer genauso gegenwärtig sein wie für den Interpreten, wenn er darangeht, Kompositionen zur Interpretation einzurichten. Die Musik des "stylus phantasticus"[48] eines Buxtehude, Bruhns, Lübeck, Hanff und anderer Meister des norddeutschen Orgelbarock findet dann die auch vom Hörer nachzuerlebende Lebendigkeit.

Überwiegend haben die spärlichen Interpretationshinweise in den überlieferten Handschriften bei Choralbearbeitungen, deren stark verzierte Melodie auf dem Rückpositiv zu spielen ist, den Hinweis "RP". Hier werden Klänge angeboten, welche die geradezu ekstatischen Verschnörkelungen der Melodien, die selbst oft genug fast nur noch als Fetzen zu erkennen sind, genauso ekstatisch und extrem zum Hörererlebnis werden lassen. Als Orgelchoräle zwischen den Strophen der singenden Gemeinde zu spielen, bieten die Kompositionen höchst subjektive Ausdeutungen der Melodien und ihrer Texte, die bisweilen in den Noten mitgeteilt sind. Der Orgelspieler ist zum Ausdeuter geworden.

Es ist dem Verf. immer wieder aufgefallen, wie wenig es unter den nicht cantus-firmus-gebundenen, also den "freien" Orgelwerken des Barock, an froher, festlicher, strahlender Musik gibt. Es gibt sie wohl auch, aber in der Minderzahl. Die meisten freien Orgelstücke sind "negative" Musik, Musik der Klage, der Trauer, des Protestes, oft geradezu bis zur Hemmungslosigkeit. Er kann es nur als Beobachtung mitteilen und die Frage stellen, ob in einer Zeit, in der die vokale Kirchenmusik der "Ehre Gottes" und der "Recreation des Gemüthes" zu dienen hatte, nicht vielleicht die Orgelmusik eine entgegengesetzte Aufgabe hatte: Raum zu geben für Klage, Trauer und Protest der Menschen, Orgelmusik als "Klagemauer". Dann hätte die Orgel, nicht nur räumlich dem Altar gegenüber, sondern auch innerlich, nach und nach die Funktion des Widerpartes übernommen, des Anklägers vor Gott. In Textaussagen ist diese Hypothese nicht belegbar, - jedoch gibt sie eine jahrzehntelange Spielerfahrung des Verf. und Hörerfahrung seiner Orgelmusiken wieder (s. a. w. u.).

---

48) Krummacher, Friedhelm: stylus phantasticus ... , Schütz-Jahrbuch II/1980, Kassel 1981.

3. 3. 2. Arbeiten durch Ernst Marx

Die Marienkirche wurde 1770 erheblich beschädigt, als ein Pulverturm bei dem Tribseer Tor explodierte, und auch die Orgel wurde in Mitleidenschaft gezogen:

> "Es finden sich ganze Register, die keinen Ton geben, und es ist nicht ein einziges Register vorhanden, welches nicht beschädigt wäre... Das Pedahl ist dem gäntzlichen untergang nahe, und in so schlechter verfaßung, daß man ohne der größten prostitution sich auß zu setzen, wenig unterstehen darf davon zu gebrauchen".[49]

Doch erst im Januar 1775 richteten die Provisoren von St. Marien die Bitte an den Rat der Stadt, ihnen Konsens zu geben für eine "Haupt-Reparation" der Orgel. Grund für diese Verzögerung von fünf Jahren war, daß die Provisoren erst dann an die Wiederherstellung der Orgel hatten herangehen wollen, wenn sie einen Organisten hätten, der viel vom Orgelbau verstünde. In Georg Ludwig Zeidler (gest. 1779), der von Stettin nach Stralsund berufen worden war, glaubten sie, diesen Mann gefunden zu haben.

Ein Streit, den wiederzugeben hier ausgespart werden darf,[50] entstand zwischen den Provisoren einerseits, die Ernst Marx (1728 - 1799) aus Berlin gewinnen wollten und dem Rat der Stadt andererseits, der anriet, Paul Schmidt (1716 - 1798) aus Rostock mit einer Generalreparatur zu beauftragen. Aus den Kostenanschlägen beider Orgelbauer gehen deren unterschiedliche Zielsetzungen ("Haupt-Reparation" und Wiederherstellung) deutlich hervor.

Marx bot so umfangreiche klangliche Veränderungen an, daß das orginale Klangbild der Stellwagen-Orgel stark umgeformt worden wäre, hätte er sie wirklich ausgeführt. Namen der Geistlichen von St. Marien und etwa von ihnen geschriebene Begründungen für derartige Veränderungen fehlen bedauerlicherweise gänzlich. Die Provisoren und Zeidler werden in ihrem Sinn verhandelt haben, und wahrscheinlich hat man von St. Marien mit Neid nach St. Nikolai geblickt und die eigene Orgel als "veraltet" empfunden. Orgelbauer Schmidt wurde dementsprechend als "altfränkisch" abgelehnt und nach langen Auseinandersetzungen schließlich Ernst Marx beauftragt.

Bei der Abnahme am 04. /05. Mai 1778 stellten sich die Arbeiten von Marx aber als Pfusch und Betrug heraus.[51] Über eines der wenigen wirklich neu gebauten Register machte sich Paul Schmidt lustig:

> "... sie können es ja für ein vox humana passiren laßen, man müßte aber unter 1000 Menschen einen suchen die eine solche stimme hätte... "

und führt dann aus:

---

49) s. a. Prost 1, Bd. 6.

50) s. a. Prost 1, Bd. 6.

51) s. a. Prost 1, Bd. 6.

"... der Klang ist noch derselbe, wie ich ihn an dieser Orgel vor 30 Jahren wahrgenommen, an dem Wercke selbst etwas beßern zu wollen, hieße eben so viel als sich mit Gewalt über einen Geschickten Meister nur erheben wollen".

Eine Achtungsbezeugung Stellwagen gegenüber, die Paul Schmidt ehrt!

Vermutlich hat Ernst Marx vielen Registern lediglich andere Namen gegeben, das Pfeifwerk selbst blieb nachweislich jedoch alt, das meiste bis auf den heutigen Tag. Marx hatte jedoch der Orgel eine höhere Grundeinstimmung gegeben, worüber es bei der Abnahme zu vielen Auseinandersetzungen über den "wahren Chorton" gekommen war. Musikdirektor Escherich monierte dies denn auch sofort, jedoch nur im Hinblick darauf,

"... daß, wenn diesem Fehler nicht abgeholfen wird ... niemals eine reelle und harmonische Kirchen Musik wird können aufgeführt werden, in dem die Blaß-Instrumente, wie bekannt, ihre gewiße Stimmung haben, und sich diese eben so wenig verändern läßt, als wenig die Kunst des beßten Orgelspielers vermögend ist, die Marianische Orgel, wie sie gegenwärtig steht, zu dem so genannten Chor= oder gewöhnlichen Orgelthon herabzubringen".

Orgelbauer Schmidt bringt den gleichen Tatbestand noch in andere Beziehung:

"Die Gemeinde ist nicht vermögend so hohen Ton zu halten. . :"

Es stellt sich die Frage: war Escherich an dieser Rücksicht auf die Gemeinde nicht interessiert, weil ihn nur die von ihm geleitete Musik, nicht aber der Gemeindegesang etwas anging, oder sang die Gemeinde in St. Marien immer (noch) ohne Orgelbegleitung und hat Paul Schmidt seine Mißbilligung nur aus Rostocker Gepflogenheit abgeleitet, die es in Stralsund an St. Marien (noch) gar nicht gab? Eindeutig kann diese Frage heute nicht mehr beantwortet werden.

War zwar die Mariengemeinde auch betrogen worden,[52] so müssen wir es aus heutiger Sicht begrüßen, daß die Stellwagen-Orgel im wesentlichen geblieben war, was sie gewesen ist.

Von 1791 bis zu seinem Tod 1803 hat der Orgelbauer Christian Kindten (5. 1.) die Orgel gepflegt, ohne wesentliche Veränderungen vorzunehmen. Nach seinem Tod machten sich die Instrumentenmacher Johann Heinrich Witt (1788 - 1850) und Johann Sebastian Weith (1780 - 1850) - beide starben im gleichen Jahr an der Cholera - um die Betreuung der Orgel verdient. Witt war Lehrling bei Kindten gewesen. Weith wird von Cantor Dammas (s. w. u.) als "sehr geschickt, besser als Witt" bezeichnet. Er war weitläufig bis nach London auf Wanderschaft gewesen. Mehr als Pflegearbeiten waren an der Orgel nicht nötig.

---

52) vgl. zu Marx aber auch Acta organologica, Bd. 18, Berlin 1985.

3. 3. 3. Arbeiten durch Carl August Buchholz

Jedoch mit den Ereignissen der "Franzosenzeit" kam nahezu der Untergang des kostbaren Instrumentes.

"Während dieser Zeit hat diese kleine und abgelegene Stadt im buntesten Wechsel schwedische, dänische, russische, polnische, englische, französische, preußische, holländische, italienische und spanische Kriegsvölker ... in ihren Mauern beherbergt, und in einer Frist von noch nicht ganz dritthalb Jahren ist sie 4 mal angegriffen, 3 mal eingenommen worden und zwei mal Schauplatz eines erbitterten Straßenkampfes gewesen". [53]

"Als der Feind naht, beginnt man am 17. Dezember 1807 nachmittags um 14 Uhr die Vorstädte von Stralsund niederzubrennen ... Den obdachlos gewordenen Vorstädtern ward zur Unterbringung ihres Hausrates und ihrer Korn- und Strohvorräte die Marienkirche eingeräumt". [54]

Anscheinend hat man nach einigen Monaten wieder die Kirche ausräumen können, denn

"in sämtlichen Kirchen wurde am 5. April ein Dankfest gefeiert".

Auch wurde am 24. April

"an den Orgelbauer Rützner, für Reparaturen an der großen Orgel lt Qui. 3,-- Rthlr gezahlt". [55]

Jedoch bereits im Mai

"mußten die Marien- und Nikolaikirche als Kasernen für die Landwehr dienen". [56]

1808 schließlich

"konnte den Bedürfnissen der Truppen an Magazinen und Stallungen nicht anders entsprochen werden, als dadurch, daß zu ersterem Zwecke die St. Marienkirche und eine Zeitlang auch die St. Jacobikirche, zu letzterem die Johanneskirche und die Heiligengeistkirche hergegeben wurden". [57]

Nach dieser authentischen Darstellung wird man sich unschwer vorstellen können, wie es in den Kirchen, auch in St. Marien, ausgesehen haben wird. Zehn Jahre lang fand in ihr kein Gottesdienst statt.

"Erst vom 24. August 1817 ab konnte er wieder abgehalten werden, nachdem alle Räume gereinigt und geweißt und Kanzel, Altar und Gestühl wieder hergerichtet waren". [58]

---

53) Franke, Otto: Aus Stralsunds Franzosenzeit, Stralsund 1870.

54) Franke, Otto: Franzosenzeit, Stralsund 1870.

55) Kirchenarchiv St. Marien, Bauregister 1734 - 1825. Über den Orgelbauer Rützner gibt es keine Angaben.

56) Franke, Otto: Franzosenzeit, Stralsund 1870.

57) Franke, Otto: Franzosenzeit, Stralsund 1870.

58) s. a. Prost 1, Bd. 7

In dieses Jahr fallen auch erste Überlegungen zur Wiederherstellung der Orgel, zu denen vor allem die Instrumentenmacher Witt und Weith gehört werden. Nachdem die Angelegenheit sieben Jahre ruhte, wurde sie durch Initiative von Pastor Magister Ziemssen "Luna den 20. Oktober 1823" wieder aufgegriffen.

"Man hat nun zuvörderst allgemein dafür gehalten, daß ... man sein Augenmerk auf die völlige Instandsetzung der Orgel richten müsse. Dabei ist zu fragen:
1. was kann an der Orgel verändert werden, damit sie mehr den jetzigen Forderungen entspricht? Hierüber würde ein unpartheiischer Kenner zu hören seyn.
2. Kan man, bei dem Projekt, die ganze Orgel in Stand zu setzen, erwarten, daß ein hiesiger Künstler das Werk zur Zufriedenheit ausführe?
Nach weiterer Überlegung ist man übereingekommen, den Cantor Dammas in Bergen hieher einzuladen und ihm anzustellen, die Orgel selbst zu untersuchen und sein Gutachten darüber abzugeben, was für Verbesserungen an selbiger vorzunehmen seyn möchten? Demnächst will man ihn auch ersuchen sein Gutachten über den zur Ausführung zu nehmenden Künstler mitzutheilen ... "

Cantor Dammas (1771 - 1850) war von 1791 - 1795 Organist an der Kindten-Orgel in St. Jacobi zu Gingst/Rg gewesen, an einem Instrument des Spätbarock also (5. 2.). Daher verwundert es nicht, wenn er dem geforderten Punkt 1 (Veränderungen) in seinem ausführlichen Gutachten vom 23. Juni 1824 weit weniger Aufmerksamkeit schenkt als dem Bewahren und Wiederherstellen des Vorhandenen. [59]

"... Die widrige Schadenfreude scheint recht, ihrer Natur gemäß, absichtlich (von den gestohlenen Pfeifen, Anm. d. Verf.) einige Pfeifen stehen gelassen zu haben, gleichsam der Nachwelt dadurch hohnlächelnd sagen zu wollen: Sehet, welche schönen Stimmen -- waren hier!! ...
... Das Gefühl aber wird ergriffen, wenn man die prachtvollen Rudera vernimmt!"

"... Die ganze gar nicht üble Disposition der Orgel ist, wie billig, auf das prachtvolle Gebäude, so wie auch auf eine zahlreiche Gemeinde, berechnet, und da muß in so einem schönen und erhabenen Tempel auch ein prachtvolles würdiges, und kräftiges Orgelwerk ertönen".

Hierin irrte Dammas, historisch gesehen, nun freilich, - doch ist dieses verzeihlich, war doch in Gingst wie auch an der Kindten-Orgel in Sagard das Begleiten des Gemeindegesanges durch die Orgel zur Gepflogenheit geworden, wovon die Orgelakten Sagard ausdrücklichen Beleg geben.

"Die mit + von mir bemerkten Stimmen scheinen wenigstens meinem Ohr veraltet und unzweckmäßig zu seyn, und möchten sie mit höchst geringen Kosten durch schönere, sanfte Flötenstimmen, woran es mir zu fehlen scheint, leicht ersetzt werden können, wobey aber auch der künftige Orgelbauer sein Meinung zu sagen hat".

Es waren ganz sechs Register, die Dammas durch andere zu ersetzen vorschlug, - eine für damalige Bestrebungen, zu "modernisieren", erstaunlich geringe

59) s. a. Prost 1, Bd. 7.

Anzahl. Seiner Liebe zur Sache verdanken wir nicht nur den ins Einzelne gehenden Bericht von Cantor Dammas über den Zustand der Orgel 1824 und eine Bewertung des Instrumentes, die bei aller Zeitgebundenheit von Sachkenntnis und Verständnis zeugt, sondern wir verdanken es auch seiner Empfehlung, daß sich die "Herren Commissarii" von St. Marien an den Orgelbauer Buchholz in Berlin (2. 8.) mit der Bitte um Besichtigung der Orgel und um einen Kostenanschlag wandten. Im Frühjahr 1829 ging der Meister mit Gehilfen ans Werk.

Es ist schon erstaunlich, wie sehr Carl August Buchholz nicht nur repariert, sondern geradezu restauriert (wenn man dies Wort auch nicht im strengen Sinn heutigen Fachgebrauches nehmen darf), und wie wenig an eigenen Klangvorstellungen er hinzugegeben hat. Die Mixturen wurden tiefergelegt mit neuem Pfeifwerk, einige hohe Register wurden als "zu winzig gänzlich cassiert", einige Pfeifenreihen umgestellt, aber überwiegend hat Buchholz Fehlendes ergänzt und Vorhandenes wieder instandgesetzt und somit das vorgefundene Klangbild respektvoll belassen. Technische Baumaßnahmen brauchen im Zusammenhang dieser Arbeit nicht erörtert zu werden; auch sie brachten keine "Modernisierung".

Die Wünsche von Cantor Dammas nach "schöneren sanften Flötenstimmen" hat C. A. Buchholz nicht durch Auswechseln originaler Register gegen neue dieser Art erfüllt, sondern

> "es hat Herr Buchholtz eine Crescendo und Decrescendo Zug, oder einen sogenannten Schweller angebracht, durch den besonders das sanfte Vorspiel ungemein an Liebreiz gewinnt". [60]
> "Eine Verschönerung des Werkes und eine Zugabe des Künstlers". [61]

3. 3. 4. Wiedereinweihungsgottesdienst 1828

Die Wiedereinweihung war am 4. Advent 1828 und ist wie folgt geschildert:[62]

> "Am Sonntage vor Weihnachten, Vormittags, begann die Orgel ihr Tagewerk.
> Der Gottesdienst fing auch an diesem Tage, wie gewöhnlich, damit an, daß die Gemeinde, ohne Begleitung der Orgel, ein Morgenlied sang. Dieser Gesang wurde indeß nicht, wie sonst, von einem Vorsänger, sondern von dem, aus den Schülern der Waisenhausschule gebildeten, Chor, für welchen die Emporkirche unter der Orgel neu gebauet ist, und welcher hinfort alle Feiertage beim Gottesdienste die Stelle des Vorsängers einnehmen wird, unter Anführung des ersten Lehrers der Waisenhausschule, angestimmt und geleitet.
> Nach diesem Gesange trat der Geistliche vor den Altar, benachrichtigte die Gemeinde in einer Anrede davon, daß die erneuerte Orgel an diesem Tage wieder ertönen werden

60) s. a. Prost 1, Bd. 7.
61) "Sundine" 1829.
62) "Sundine 1829. Der gesperrt geschriebene Text entspricht dem Original.

und nachdem er, auch in Beziehung auf diesen Umstand, gebetet hatte, forderte er die erneuerte Stimme der Andacht auf, in ihrer ganzen Fülle, kräftig und milde, stark und sanft, groß und anmuthig laut zu werden, damit die Hörer ihrer sich hocherfreuen und von ihr geleitet die Gesänge rühmen möchten:
Wie lieblich ist doch, Herr, die Stätte,
Da Deines Namens Ehre wohnt"

Die Orgel entsprach dieser Aufforderung auf das Vollkommenste.

"Vom leichten Hirtenrohre steigt der Schall
Zum Pauckendonner und der weckenden
Gerichtstrommet'. Es stürzen Gräber! Horch,
Die Todten regen sich! - Wie schwebet jetzt
Der Ton auf aller Schöpfung Fittigen
Erwartend. Und die Lüfte rauschen. Hört,
Jehovah kommt! Er kommt! Sein Donner ruft! -

In sanft anwehendem Beseelten Ton
Der Menschenstimme spricht der Gütige
Anjetzt; das bange Herz antwortet ihm -
Bis alle Stimmen neu und Seelen sich
Zum Himmel heben, auf der Wolke ruhn -
E i n Halleluja! - Betet, betet an!

Herders Werke, schöne Lit. und K.
Th. 6. S. 67
Auf das schon angegebene, unter der neuen zwiefachen Leitung, von der Gemeinde gesungene Lied folgte die Predigt.
Nicht nur der Eingang derselben bezog sich auf die Orgel, sondern es lautete auch das, aus dem Texte, dem gewöhnlichen Sonntags=Evangelium, abgeleitete Thema: *Was ist die Orgel beim öffentlichen Gottesdienste?*

Diese Frage zerfiel, gemäß dem Texte, in die beiden Fragen:
1. Was ist die Orgel *nicht beim öffentlichen Gottesdienste?*
2. Was ist die Orgel *denn beim öffentlichen Gottesdienste?*
Es wurde erstlich darauf aufmerksam gemacht, daß die Orgel b. ö. G. *nicht so viel* und auch *nicht so wenig* sei, wie man wohl meinen könne. Sie sei nicht *die Hauptsache b. ö. G. , und der Predigt des Wortes, dem Sacrament sc.* nicht gleich zu stellen. Sie sei aber auch nicht *ein Mittel der Zerstreuung, sinnlicher Ergötzung* oder *dergleichen Genusses.*
Sodann wurde, zur Beantwortung der zweiten Frage, gezeigt, daß die Orgel beim öffentlichen Gottesdienste *die Andacht wecke, verstärke, leite und befestige.* Zum Schlusse erfolgten Aufforderungen und Ermunterungen zum freudigen Dank gegen Gott für das erneuerte Andachtsmittel und zur weisen Benutzung desselben.
Nach der Predigt fand nichts Ungewöhnliches statt, außer daß die Orgel bei der Feier des heiligen Abendmahles und am Schlusse des ganzen Gottesdienstes länger als gewöhnlich gehört wurde, - und doch schien die einfache Feier auf die zahlreich versammelte Gemeinde einen sehr tiefen Eindruck gemacht zu haben.
Eine Musik-Aufführung (Anm. d. Verf. : gemeint ist eine Kantate), wie sie wohl in außerordentlichen Fällen, auch noch in diesem Jahr, in unserer Stadt, veranstaltet

worden ist, dürfte gerade bei dieser Gelegenheit, bei welcher die Orgel hauptsächlich sich hören lassen sollte, am allerwenigsten angemessenen gewesen sein. Es mögte auch die Orgel, so bescheiden sie sonst auch ist, dieses mal doch andere Stimmen nicht gegen sich haben aufkommen lassen".

Ganz klar ist nach dieser Darstellung immer noch nicht, ob die Orgel in St. Marien nun den Gemeindegesang begleitet hat oder nicht. "Zwiefache Leitung" kann sowohl durch "Chor und Anführung des ersten Lehrers" als auch durch "Chor und Orgel" heißen. Für das Erstere spricht, daß es die zweifellos beste Art ist, in der riesigen Kirche einen Gemeindegesang zu leiten; außerdem haben sehr alte Leute dem Verf. noch 1951 erzählt, daß bis 1910 (!) die Orgel in St. Marien nur zu Vorspielen, zu einem eigenen Orgelvers, sub communione und zum Ausgang erklungen sei, ein "Küster" jedoch, mit Talar und Beffchen gekleidet, singend durch die Gänge gehend den Gemeindegesang angeführt habe. Den "Sängerchor" hat man bald wieder abgerissen und hinter der Chor-Umwand ein Podest für einen Mädchenchor gebaut, der von dort aus (!) die Liturgie sang, - ein Mitsingen der Gemeinde, geschweige denn eine Begleitung durch die Orgel, war dabei, zumindest bei der Liturgie, gänzlich unmöglich.

Seinen Eindruck von der wieder hergestellten Orgel versuchte der (namentlich nicht genannte) Rezensent mit dem Herder-Zitat wiederzugeben. Die Zusammenfassung der Predigt scheint auszumachen, daß aus ihr die Nüchternheit des Rationalismus sprach, die auf Ordnung und Abzweckung bedacht war: "Was ist die Orgel?" - "Was ist die Orgel nicht?" - und die Beantwortungen sind weit entfernt sowohl vom reformatorischen Verständnis der Orgel als auch von dem Verständnis der Barockzeit, also der eigentlichen Herkunft dieser Orgel. Das unschöne Wort von der Orgel als einem "Andachtsmittel" trifft das damals (1828) Gemeinte und Erlebte genau. Und gerade dies wird Pastor Ziemssen, der die Wiederherstellung der Orgel ja so anerkennenswert betrieben hatte, wichtig und richtig erschienen sein. Nur noch etwa 70 Jahre in dieser Richtung, und es wurden Orgeln, von weniger guten Orgelbauern gebaut, zu Instrumenten

"wie von einem frommen Albdruck bestellt ... die verzerrte Maske einer Königin, die in der Gosse gestorben ist". [63]

Nach der Wiederherstellung der Orgel wurden an St. Marien, wo bisher immer selbständige und schaffende Musiker, d. h. wirkliche Künstler, angestellt gewesen waren, nunmehr Lehrerorganisten mit dem Orgeldienst betraut. Hat dieser Stand auch, vor allem auf dem Lande, zweifelsohne segensreich gewirkt, so waren doch diese Menschen dem, was eigentlich an diesem Instrument zu spielen und mit diesem Instrument der Gemeinde anzubieten war, niemals gewachsen. Nicht nur Stellwagens Meisterwerk, auch die Restaurierungsarbeit eines Carl August Buch-

---

63) Jahnn, Hans Henny: Fluß ohne Ufer, Teil III, Mainz 1961

holz blieb weitgehend zwar bewundert, aber nicht ausgeschöpft. Die Predigt, gehalten vermutlich von Pastor Ziemssen, macht dies im Nachhinein verständlich.

Seit etwa 1860 hatte Friedrich A. Mehmel (4. 3.) die Orgel in Pflege. Seine Bemühungen, technisch einiges wirklich Problematische zu ändern, verraten Überlegung und Geschick. Klangliche Veränderungen auch geringeren Umfanges mußten Fremdkörper bleiben.

3. 3. 5. Erste Restaurierungsansätze

Dank des Eingreifens des Provinzialkonservators blieben die Prospektpfeifen der Stellwagen-Orgel vom 1917 angeordneten kriegsbedingten Ausbau verschont und dem Instrument erhalten.

Die ersten Bestrebungen der "Orgelbewegung" Albert Schweitzers (2. 11.) werden in Stralsund vor dem Ersten Weltkrieg kaum bekannt geworden sein, blieben jedenfalls ohne Echo. Es war erst 1925 der "Deutsche Organistentag" in Hamburg und Lübeck, bei welchem die auf Betreiben von Hans Henny Jahnn restaurierte Schnitger-Orgel in St. Jacobi-Hamburg und die Seitenorgel in St. Jacobi-Lübeck, letztere z. T. eine Arbeit Stellwagens, vorgestellt worden waren, der alsbald für Stralsunds Stellwagen-Orgel wichtig wurde. Ein danach in der "Stralsundischen Zeitung" am 21. März 1926 veröffentlichter Aufsatz "Die Orgel in der Marienkirche zu Stralsund" darf als erster wirksamer Anstoß für Stralsunder Öffentlichkeit gewertet werden, dieses Instrument in seinem besonderen Wert zu erkennen.[64]

Die Feierlichkeiten zur Dreihundertjahrfeier des Abzuges Wallensteins aus Stralsund am 24. Juli 1628, für 1928 als Fest größeren Umfanges gedacht, wurden zum Anlaß genommen, sich um eine originalgetreue Wiederherstellung des Instrumentes zu bemühen. In einem dem zuständigen Preußischen Ministerium unterbreiteten Memorandum konnte der Pastor primarius von St. Marien, Pastor Thurow, schreiben:

> "Aus weiten Kreisen der Stralsunder Bevölkerung heraus hat sich ein lebhaftes Interesse für dieses eigenartige und wertvolle Kunstwerk kundzutun begonnen. Eine unter Führung von Sachverständigen unternommene Besichtigung der Orgel fand reiche Beteiligung aus verschiedensten Kreisen der Bevölkerung. Auch haben sich opferfreudige Kreise gefunden, die bereit sind, ihrerseits ihr Scherflein dazu beizutragen, um die erforderlichen Reparaturen durchführen zu helfen. Auch die Kirchengemeinde hat ein großes Interesse an der grundlegenden Renovierung der Orgel... "[65]

---

64) Stralsundische Zeitung 167. Jahrgang 1926, Nr. 68. Aufsatz von Gottfried Schlecht.
65) Kirchenarchiv St. Marien, Orgelakten.

Das Vorhaben kam aber nur sehr begrenzt und nicht im eigentlichen Sinn zur Ausführung und ruhte dann in den folgenden Jahren. [66]

Bei diesen ersten Bemühungen haben, nach Anstößen von außen, instrumental-historische und heimatgeschichtliche Interessen sichtlich im Vordergrund gestanden. Ein Zusammenhang zwischen Zielsetzungen der "Orgelbewegung" und weiteren Erneuerungsbestrebungen damaliger Jahre, auch mit theologischen oder liturgischen, läßt sich aus dem vorliegenden Schriftverkehr nicht herauslesen.

Der Krieg setzte allem dann ein Ende. Wegen ihres herausragenden künstlerischen Wertes wurde die Orgel, abgesehen vom Gerüstwerk, im Juni 1943 ausgebaut und in einem Gutshaus im Kreis Grimmen eingelagert. Hier wurde das kostbare Instrument in den Wirren des Kriegsendes 1945 bestohlen, beschädigt und entehrt.

3. 3. 6. Wiederaufbau der Orgel

> "Obwohl erst im Oktober 1945 und im Juni 1946 durch die Befehle Nr. 85 und 179 der Sowjetischen Militär-Administration die Rückführung ausgelagerten Kulturgutes und die Wiedervereinigung der Museen gefordert wurden, konnten wir (d. h. die Museumsverwaltung Stralsund, Anm. d. Verf.) in Stralsund durch günstige Umstände, vor allem durch die Unterstützung des sowjetischen Stadtkommandanten und des Rates der Stadt, bereits im Sommer 1945 mit dem Rücktransport der evakuierten Bestände beginnen". [67]

In zwei Transporten mit jeweils mehreren Pferdewagen wurden die Orgelteile durch sowjetische Soldaten unter persönlicher Leitung der stellvertretenden Museumsdirektorin Käthe Rieck nach Stralsund zurückgebracht und in St. Marien eingelagert. Der Gemeindekirchenrat von St. Marien unter dem Vorsitzenden Pfarrer Richard Wittenberg wandte sich, durch Presseberichte über die neuerbaute Orgel in der Berliner Domgruftkirche auf diese Werkstätte aufmerksam gemacht, am 24. Juni 1946 an die Orgelbauanstalt A. Schuke in Potsdam mit der Bitte, die Orgelteile zu besichtigen und "mit uns über den Aufbau zu beraten". Am 27. August 1946 gab Orgelbauer Karl Schuke einen Bericht, dem wir folgende Ausschnitte entnehmen:

> "Die letzten Reste des Werkes lagern jetzt in den verschiedensten Räumen der Kirche. Der Anblick, den die Reste der einst so schönen Stellwagen-Orgel bieten, ist ein höchst bedauerlicher. Die Zinnpfeifen liegen auf einem großen Berg, durcheinandergeworfen und unsortiert. Die technischen Teile der Orgel mit den Ornamenten bieten ein wirres Ducheinander. Eine oberflächliche kurze Besichtigung konnte kein genaues Bild ergeben, was von der Orgel vorhanden ist. Ich wage jedoch zusagen, die Orgel wieder aufstellen zu können. Die Hauptteile, 6 große Windladen, sind vorhanden. Was von den

66) s. a. Prost 1, Bd. 8.

67) Kirchenarchiv St. Marien 71/03/1, Bericht Käthe Rieck

alten Registern übrig geblieben ist, kann erst eine genaue Sortierung ergeben. Um sich ein völlig klares Bild von der Möglichkeit der Wiederaufstellung der Orgel zu machen, ist es nötig, sämtliche zerlegten Orgelteile zu sortieren... "
"... Als Grundlage der Aufstellung der Orgel dient nicht das Werk, wie es zuletzt bestanden hat, sondern die Disposition der Orgel, wie sie ursprünglich von dem Orgelbauer Stellwagen in klassischer Form erdacht war". [68]

Mit diesen Worten gab Karl Schuke Wegweisung, und seine zunächst nur vage Hoffnung, Originales bei dem Wiederaufbau der Orgel wiederverwenden zu können, wurde nach genauer Sichtung des Vorhandenen in damals nicht vorhersehbarem Maße erfüllt.

Einzelheiten der Etappen zur Wiederherstellung der Stellwagen-Orgel sind vom Verf. an anderer Stelle[69] dargelegt worden und können sich hier erübrigen, - nur eine Besonderheit sei hervorgehoben.

Erstmalig kann sich der Verf. jetzt - auf dem Hintergrund der veränderten politischen Lage Anfang 1990 - zu der naheliegenden Frage äußern, warum die Wiederherstellung der Orgel nicht von Anfang an in einem Restaurierungsbericht festgehalten wurde. Es hat dies seinen Grund in der damaligen wirtschaftlichen und politischen Situation:

Maßgeblich für alle metallverarbeitenden Betriebe war eine Arbeitsanweisung, auch "Schrottgesetz" genannt, welche bestimmte, daß von zu reparierenden Gegenständen aus Edelmetall stets die Hälfte dieses Metalles an den Staat abzuführen sei. Auf die Arbeiten an der Stellwagen-Orgel angewendet, hätte dies bedeutet, daß von einem Register, dem etwa 20 Pfeifen fehlten oder von dem die Mehrheit beschädigt war, die Hälfte hätte abgeliefert werden müssen! Dies hätte eine wirkliche Restaurierung der Orgel von vornherein total unmöglich gemacht! Die Orgelbauanstalt konnte den Verbleib des original Vorhandenen nur dadurch retten, daß sie alle Register, an denen die Pfeifenwerkstatt arbeiten mußte, als "neugebaut" in den Rechnungen aufführte, um durch diese Täuschung das Einschmelzen der Stellwagen Pfeifen zu verhüten.

Dem Vorsitzenden des Gemeindekirchenrates, seit 1947 Pfarrer Konrad Brandstätter, und dem Verf. , seit 1. April 1951 Kirchenmusiker an St. Marien mit der besonderen Aufgabe, den Wiederaufbau der Orgel fachberatend zu betreuen, waren als Einzigen dieser Sachverhalt bekannt. Beide haben ihn in strikter Verschwiegenheit gebilligt. Die Angaben in den Rechnungen der Orgelbauanstalt dürfen <u>nicht</u> dahingehend gedeutet werden, als seien die gelieferten Pfeifen wirklich neu und nicht mehr original vorhanden gewesen. Angesichts ständiger Kontrollen in der Orgelbauwerkstatt und immer wieder erlebter Bespitzelung der Kirche, auch ihres Schriftverkehrs, ihrer Telefonate und ihres Finanzwesens,

68) s. a. Prost 1, Bd. 8.
69) s. a. Prost 1, Bd. 8.

konnte kein anderer Weg als der einer bewußt falschen Rechnungslegung gewählt werden, um das Originale zu retten.

Gab es kaum Probleme bei der Wiederherstellung der technischen Orgelteile (Windladen usw.), so umsomehr bei der Wiederherstellung fehlender Pfeifen bzw. fehlender Register, also ganzer Pfeifenreihen. Die Ingenieure Klaus Kröber und C. P. Schulze haben jahrelang sich mit den dem Original entsprechenden Mensuren (Maßverhältnisse der Register, - für jede einzelne Pfeife müssen stets mehrere Punkte mathematisch festgelegt werden) befaßt, unterstützt von mehreren Mensurfachleuten (Dr. Carl Elis u. a.) aus ganz Deutschland. Dazu mußten erst die mathematischen Grundlagen, nach denen Stellwagen gearbeitet hatte, und das von ihm genutzte Maßsystem erforscht werden. Die Materialzusammensetzung der Stellwagen-Pfeifen mußte analysiert und möglichst entsprechend nachgestaltet werden, u. v. a. m. [70]

Es wurde in größtmöglicher Sorgfalt vorgegangen. Dennoch muß, nach heutigen Maßstäben in der Orgeldenkmalpflege und in der Denkmalpflege überhaupt, manches in Einzelheiten kritisch hinterfragt werden. So unbestritten dies ist, so wenig erlaubt es ein Kritisieren am damals Geleisteten: heutige Maßstäbe und heutige Möglichkeiten standen damals in den ersten Nachkriegsjahren nicht oder noch nicht zur Verfügung.

Der Orgelbauanstalt in Potsdam (3. 3. 7.) bleibt das Verdienst, die Stellwagen-Orgel in ihrem Bestand erhalten und Fehlendes in größtmöglicher Annäherung an das Original wiederhergestellt zu haben, unbestritten. Unbestritten bleibt auch der immense finanzielle und hilfsbereite Einsatz der Kirchengemeinde von St. Marien in Stralsund, die zudem eine übergroße Geduld über die langen Jahre des Wiederaufbaues der Orgel (im Orgelbaulichen von 1946 bis 1972, im Prospektgestalterischen ist noch heute kein Ende erreicht!) an den Tag legte.

Zur Dreihundertjahrfeier der Orgel 1959 wurde ihre klangliche Wiederherstellung in "Stralsunder Orgeltagen" begangen, allerdings noch fast ohne Zungenstimmen; erst 1972 konnten mit dem Einbau aller Zungenstimmen die orgelbaulichen Arbeiten an der Orgel Friedrich Stellwagens in St. Marien abgeschlossen werden.

3. 3. 7. Die Orgelbauanstalt A. Schuke

Die Orgelbauanstalt A. Schuke - Potsdam, 1820 von Gottlieb Heise gegründet, 1848 von Carl-Ludwig Gesell weitergeführt, 1894 von dem Prignitzer Pfarrersohn und einstigem Schüler Gesells Alexander Schuke übernommen und seitdem unter diesem Namen geführt (zwischenzeitlich: "VEB POTSDAMER SCHUKEOR-

---

70) s. a. Prost 1, Bd. 8

GEL-BAU") hatte sich früh der "Orgelbewegung" zugewandt und sich namentlich mit dem Bau der Orgel in der Ernst-Moritz-Arndt-Kirch in Berlin-Zehlendorf 1934/35 Anerkennung verschafft. Neben Neubauten war sie durch Restaurierungen barocker Orgeln (Wagner-Orgel im Brandenburger Dom, Schnitger-Orgel im Charlottenburger Schloß u. a.) bekannt geworden. Die Werkstätte wurde von den Brüdern Karl-Ludwig und Hans-Joachim Schuke geleitet.

3. 3. 8. Aufgaben der Stellwagen-Orgel heute

Dem gottesdienstlichen Orgelspiel wurde in St. Marien sogleich mit der Fertigstellung des Rückpositives, und mit weiterem Fortgang der Restaurierungsarbeiten an Umfang zunehmend, die Aufgaben zuerkannt, wie etwa sie eingangs im Zusammenhang mit der Orgel des Nikolaus Maaß (2. 2) dargestellt wurden. Vorspiele zu den Chorälen, selbständiger Orgelvers, Spiel sub communione, Ausgangsspiel waren die von der gottesdienstlichen Gemeinde gern angenommenen Beiträge der Orgel zum Gottesdienst. Die Begleitung des Gemeindegesanges durch die Orgel wurde wieder aufgenommen, obgleich die Stellung der Orgel in dem großen Raum und ihr relativ leiser Klang hier Probleme schaffen. Konzertierendes Orgelspiel fiel bis 1959 nahezu völlig aus. War es danach zwar vom Instrument her möglich, so fanden Orgelkonzerte zunächst nur schwachen Besuch. "Stralsunder Orgeltage" ab 1962 halfen dies zu bessern, doch nur in Grenzen. Die 1828 laut gewordene Klage stand wieder auf:[71]

> "... Kaum der Zwanzigste weiß überall, daß das kostbare Werk in dem herrlichen großartigen Gebäude wieder hergestellt ist, und die es auch wissen, scheinen dies als etwas ganz Gewöhnliches zu betrachten, was weiter nicht der Rede werth sei".

3. 3. 9. Die "Orgelwelle"

Geradezu schlagartig wurde dies anders, als der freie Grenzverkehr nach Polen möglich wurde und namentlich junge Menschen aus Stralsund dort außer der ihnen unfaßlichen volkskirchlichen (katholischen) Situation erlebten, wie wöchentlich Tausende in die Orgelkonzerte strömten. [72] Diese Erlebnisse müssen die Jugendliche auf ihre Heimatsituation übertragen haben, denn seit 1973, gleichzeitig mit dem Beginn der Reihe "STELLWAGEN+ORGEL+SOMMER+KONZERTE"

71) "Sundine" 1829.

72) Der Verf. spielte 1972 in der Kathedrale zu Kamièn Pom vor 1. 500 Hörer und 1974 von 2. 000 Hörern, wobei das Konzert zwei Tage später in Szczecin wiederholt werden mußte.

(SOSK) setzte ein nie hier zuvor gekannter Besucherstrom ein. Die "Orgelwelle" begann mit ihren Freuden und Forderungen. An St. Marien versuchte der Verf. ihr dadurch gerecht zu werden, daß er drei Veranstaltungsreihen anbot: mittwochs (im Wechsel mit Konzerten in St. Nikolai) von Mai bis September die SOSK, im gleichen Zeitraum täglich 1/2 Stunde Orgelmusik für zufällige Touristen, und Orgelkonzerte am Karfreitag, Reformationsfest, Totensonntag, am Heiligabend und zum Jahreswechsel.

Die Programme der SOSK umfaßten freie Werke, die sich auf dieser historischen Orgel darstellen ließen, ohne cantus-firmus-gebundene Musik, welche den Hörern sicherlich unverständlich geblieben wäre; die Konzerte der letztgenannten Reihe boten ein gleiches, jedoch mit c. f. -gebundener Musik, und kurze, rein auf das historische Instrument ausgerichtete Musik an den Werktagen während der Sommerzeit. Die SOSK sahen zumeist um die 600 Hörer in St. Marien, die tägliche 1/2-stündige Orgelmusik zwischen 10 und 100 Personen je nach Kirchenbesuch, die Konzerte zu den Festtagen zwischen 400 und 600 zu den drei erstgenannten, und zumeist 1. 000 und mehr am Heiligabend und zum Jahreswechsel.

Die Besucher waren allermeist junge Menschen, wobei sich beobachten ließ, daß zu den Orgelkonzerten in erster Linie Jungen kamen und ihre Freundinnen mitbrachten, zu den Chorproben und Aufführungen, ohnehin an Beteiligtenzahl wesentlich niedriger, jedoch vorrangig Mädchen, die bisweilen ihren Freund mitbekamen.

Das Phänomen dieser "Orgelwelle" ist mit Kulturpflege nicht zu erklären, so viel dies auch von außerkirchlicher Seite versucht wurde. Es war nach Ansicht des Verf. zu einem Teil zu erklären aus der Situation der jungen Menschen, die innerlich unzufrieden waren und in der Orgelmusik (vgl. die Ausführungen w. u.) ihre negativen Emotionen bestätigt und - endlich einmal - lautgeworden fanden. Für einen Teil der Hörer ging diese Haltung den Schritt weiter in den Bereich des Religiösen: "und was du keinem darfst erzählen, magst du Gott gar kühnlich sagen" - Paul Gerhardts Vers wurde zu einer unerwarteten Realität, und dies nicht allein in tradierter Orgelmusik, sondern ganz besonders in der avantgardistischen der Gegenwart: "volumina" (Ligeti), "nebulosa" (Hambraeus), "kantata" (Gorecki), "pro (Stockhausen), "al fresco" (Pietrzak), "Orpheus" (Zechlin), "genesis und evolution" (Zechlin), "Traum und Wirklichkeit" (Zechlin) mögen beispielhaft dafür genannt werden.

Eine Sonderstellung nahm das Konzert zum "Reformationsfest" ein. Nach Wegfall des Reformationstages als eines gesetzlichen Feiertages vom Verf. zunächst eigentlich als abendliches Angebot an die gottesdienstliche Gemeinde gedacht, wurde es, zumal die Gemeinde gar nicht erst kam, zum "Tränenkonzert", zum Abschiedskonzert für die Jugendlichen, die oft viele Jahre lang die SOSK besucht hatten und nun Anfang November ihrer Einberufung zur Nationalen Volksarmee entgegensahen. Buxtehudes Tokkata d-moll, Bachs Präludium und

Fuge e-moll und die schon genannten Werke von Gorecki und Ligeti wurden zu immer wieder von den jungen Leuten erbetenen Programmpunkten, in denen sie sich in ihrer bedrückten Situation wiederfanden.

Daß an kirchlichen Festtagen die Kluft zwischen dem Besuch der Gottesdienste und dem der Orgelkonzerte erschreckend groß war, hätte die Geistlichkeit eigentlich zu selbstkritischem Fragen bringen müssen. **Warum** wurde Karfreitag vormittags der Gottesdienst nur von 40 Menschen, das Orgelkonzert am Nachmittag jedoch von 400 Zuhörern besucht? - zu einem Anlaß also, zu dem die Abstempelung als "Kulturpflege" nun am allerwenigsten zutreffend gewesen wäre?

Die Beobachtungen und Erfahrungen, vor allem auch zahlreiche Gespräche mit Hörern, haben den Verf. die Vision Dietrich Bonhoeffers anzweifeln lassen:

> "Wir gehen einer völlig religionslosen Zeit entgegen; die Menschen können einfach, so wie sie nun einmal sind, nicht mehr religiös sein". [73]

Bei den meisten der zum allergrößten Teil nicht "kirchlich gebundenen" Konzertbesuchern war es nicht so, wie Bonhoeffer glaubte, vorhersagen zu müssen. Die "Verkündigung" erreichte sie nicht mehr, und darum blieben sie den Gottesdiensten fern. "Kulturerbe-Pflege" ließ sie kalt, und darum waren sie im Konzertleben der kulturellen Einrichtungen nicht zu sehen. Jedoch "Andacht", d. h. "an etwas denken"[74] wollten sie, und dazu bot ihnen die Orgelmusik die Anleitung und die Marienkirche äußeren und inneren Raum. Die Begriffe Rudolf Ottos "Das Heilige", "fascinosum" und "numinosum" wurden durch die Orgelmusik aktuell. [75]

Pfarrer und Kirchenmusiker an St. Marien haben dies Spannungsfeld stets vom Gegensätzlichen zu befreien und zum Sich-Ergänzenden hin zu gestalten sich bemüht. Dies führte ganz von selbst zu einer ungewöhnlichen Aufgabenteilung: der Pfarrer nahm den Gemeindedienst und die "Verkündigung" wahr, auch wenn sich dabei gelegentlich kleine musikalische Aktivitäten nötig machten, - der Kirchenmusiker übernahm große Teile der Öffentlichkeitsarbeit und den Bereich des "Religiösen", auch wenn namentlich das Erstere weitab vom Musikalischen lag. Für beide waren die Jahre der "Orgelwelle" erfüllte Jahre!

Nahezu so schlagartig, wie sie gekommen war, ebbte die "Orgelwelle" wieder ab, ohne jedoch völlig zu versiegen. Daß dies 1981 spürbar wurde, also in dem ersten Jahr, in dem die Jugendlichen nicht mehr nach Polen reisen durften, hat den Verf. in der Meinung bestärkt, die Gleichzeitigkeit "Polenreise - Orgelwelle" war nicht eine zufällige, sondern hatte eben eine ursächliche Bedeutung. Die jungen

---

73) Bonhoeffer, Dietrich: Christus für uns heute (Auswahl), Berlin 1970.

74) Kluge, Friedrich, Etmyologisches Wörterbuch, Berlin 1934.

75) Otto, Rudolf: Das Heilige, Breslau 1918.

Leute fanden ihre Emotionen nunmehr in der Musik vieler "Gruppen", deren Texte auf ihren religiösen oder pseudo-religiösen Gehalt oder auch nur Sprachgebrauch zu untersuchen zwar in diesen Zusammenhang gehören, jedoch den Rahmen dieser Arbeit zu sehr sprengen würde.

Jetzt sind es nicht mehr die SOSK, sondern die Konzerte zu den genannten Festtagen, zu denen die Besucher in weiterhin großen Scharen die Kirche aufsuchen.

3. 3. 10. Einführungsworte zu Orgelkonzerten

Nahezu allen Konzerten hat der Verf. eine Begrüßung vorangestellt, in der er das Erlebnisangebot der folgenden Orgelmusik beschrieb. [76] Es waren diese frei gehaltenen Hinweise nicht "Erläuterungen" der Stücke im Sinn einer programmatischen Ausdeutung, sondern sie beabsichtigten lediglich, eine den Werken zukommende Erwartungshaltung zu empfehlen. Oder umgekehrt: die Programme versuchten, die Erwartungshaltung der Hörenden aufzunehmen, und in der Begrüßung wurden Einzelhinweise präzisiert. Nie war es das Ziel, daß alle Hörer alle gespielten Stücke annehmen sollten, - darauf hinzuweisen, in welchem der Stücke sich diese oder jene Erwartung wiederfinden ließe, war die Absicht.

Der Verf. erlaubt sich, einige Gedächtnis- oder Tonbandnachschriften im folgenden wiederzugeben.

ORGELKONZERT ZUM JAHRESWECHSEL 1989/90
Hans-Joachim Marx: Toccata in C
Johann Sebastian Bach: "Das alte Jahr vergangen ist"
Bernard Pietrzak: al fresco
Johann Sebastian Bach: "Jesu, meine Freude"
Johann Sebastian Bach: Tokkata und Fuge d-moll

(Anmerkung zur Situation: Es war der erste Jahreswechsel nach der "Wende")
Liebe Hörende!
Nur zu einem Programmpunkt möchte ich etwas sagen: zu "al fresco" von Bernard Pietrzak. "al fresco" ist ein von der bildenden Kunst entlehnter Begriff, bedeutet dort "auf's Frische" und meint damit eine besondere Maltechnik - Gegensatz wäre "al secco - auf's Trockene".
"al fresco" als Titel des Orgelstückes von Pietrzak sollten wir getrost im übertragenen

---

76) Kehnscherper, Günther: Texte und Lesungen bei kirchenmusikalischen Veranstaltungen, in: Festschrift für Frieder Schulz, Heidelberg 1988.

Sinn verstehen: sollen und dürfen wir jedoch im kommenden Jahr alle anstehenden Aufgaben - uns es sind schier übermächtig viele" - "auf's Frische" angehen. Das Zögerliche, das Besinnliche, das Übermächtige, die Hoffnung auf gutes Gelingen können zwanglos aus den unterschiedlichen Abläufen des mehrsätzigen Werkes herausgehört werden. Es wirkt, als sei es in unsere Situation hineinkomponiert worden. Es möge uns begleiten über die Jahresschwelle hinweg in das Neue Jahr zu neuem Tun: "auf's Frische".

****

ORGELKONZERT AM HEILIGEN ABEND 1986

Georg Wilhelm Saxer: Praeludium D-Dur
Georg Böhm: "Gelobet seist Du, Jesus Christ"
Jakob Bölsche: Praeludium E-Dur
Wilhelm Hieronymus Pachelbel: Tokkata D-Dur
Ferdinand Zellbell: Flötenstück
Johann Berhard Bach: "Vom Himmel hoch"
Simon Stubley: Cornettstück
Johann Sebastian Bach: Fantasie G-Dur

(Anmerkung zur Situation: Kurz vor dem Weihnachtsfest war ein Flugzeug mit mehreren Schulklassen aus Schwerin und Umgebung abgestürzt.)
Liebe Hörende!
Schon eine ganze Weile vor dem Weihnachtsfest muß ich immer meine Programme festlegen, um sie zur Druckerlaubnis einreichen und um mich selbst in Ruhe auf das Konzert vorbereiten zu können. Das Weihnachtsfest ist ja ein Geburtstagsfest, das Fest des Geburtstages des Jesus aus Nazareth. Und zu einem Geburtstagsfest habe ich naturgemäß auch festliche Musik ausgewählt.
Nun sind wir jedoch allesamt tief getroffen worden durch das Flugzeugunglück in Berlin, - sehen Sie: nur zweieinhalb D-Zug-Stunden von uns entfernt, in Schwerin, sind heute viele Menschen doch bitter, bitter traurig, und an anderen Orten auch.
Ich habe mich, seit das Unglück bekannt wurde, immer wieder gefragt, ob ich das vorgesehene Programm nun überhaupt spielen sollte. Ich habe Rat gesucht in den vier Evangelien des Neuen Testamentes der Bibel, und ich habe dabei eine zumindest mich sehr überraschende Beobachtung gemacht: Zur Lebenszeit Jesu gab es genauso wie heute technische Katastrophen, Naturkatastrophen, Terrorismus, Sorge um den Frieden und anderes mehr! Vieles auf einer anderen Ebene, aber für die Menschen damals von gleiche Bedrohung und Schwere. Warum so etwas überhaupt geschieht, kann niemand sagen, und man wird dies wohl auch niemals erklären können. Auch er, der Jesus aus Nazareth, konnte es nicht.
Aber es ist überliefert, daß er gerne Feste feierte, und daß er seine Freunde aufforderte, kräftig mitzufeiern, trotz allem. Eine Begründung dafür gab er selbst, eine andere dürfen wir vielleicht vermuten. Die erste: er sagte, daß Festeszeit für alle, die um ihn waren, sei, solange er noch unter ihnen lebe. Die Vermutung: er mag etwas davon gewußt haben, daß Feste nicht Ornamente des Lebens sind, sondern Nahrung, um innerlich

weiterleben zu können, und dies heißt: überhaupt weiterleben zu können.
Wenn wir das Weihnachtsfest auch dieses Jahres so begehen, im Gedenken an ihn und an das, was von ihm überliefert ist, dann, aber auch wirklich nur dann, können wir versuchen, es auch in diesem Jahr festlich zu begehen, dann sollen wir es vielleicht sogar versuchen.
Ich bitte Sie, in diesem Sinn die festliche Musik des heutigen Programmes aufnehmen und annehmen zu wollen, und ich wünsche ihnen in diesem Sinn eine gesegnete Weihnachtszeit.

****

ORGELKONZERT ZUM JAHRESWECHSEL 1983/84
Felix Mendelssohn-Bartholdy: Sonate Nr. 2 c-moll/C-Dur
Jan W. Morthenson: "some of these" (1962)
Johann Sebastian Bach: Tokkata und Fuge d-moll

"Der du die Welt in Händen hast,
Herr, nimm auch dieses Jahres Last
und wand'le sie in Segen".
Diese Worte aus einem unserer Kirchenlieder zum Altjahresabend wurden mir, liebe Hörende, zum Leitgedanken bei der Auswahl der jetzt zu spielenden Orgelwerke.
Vom "wandeln", genauer gesagt vom "umwandeln" ist die Rede: "Herr, nimm auch dieses Jahres Last und wand'le sie in Segen". Es ist eine Binsenweisheit: was geschehen ist, kann nicht mehr verändert werden. Aber das, was geschah, auch gerade das, was davon als negativ empfunden werden mußte, entweder in seinen Folgen zum Guten zu wenden oder aber, es in uns und für uns im Bewältigen zum Segen werden zu lassen: dies ist gemeint.
Und die heute dargebotene Musik ist Musik des Umwandelns.
Die Sonate Nr. 2 von Felix Mendelssohn-Bartholdy beginnt mit einem lastenden moll-Satz. Ein Stück geradezu abgrundtiefer Traurigkeit und ein Stück forcierter Munterkeit werden die extremen Außenseiten des Wandelns. Erst in der ruhigen C-Dur-Schlußfuge finden wir die Gelassenheit, ja geradezu ruhig-ausstrahlende Festlichkeit, zu der das Stück umgewandelt wurde. "Herr, nimm auch dieses Jahres Last und wand'le sie in Segen": hier ist dies Klang geworden.
Vieles geht uns bei einem Jahreswechsel durch den Sinn, - und doch ist all' das letztlich nur Bruchteil von dem, was wir tatsächlich erlebten. "some of these" von Jan Morthenson kann man als Titel übersetzen "einiges davon", - und entspricht dies nicht unseren Erinnnerungsfetzen? Im ersten Teil des Werkes wird versucht, "einiges von dem" lauthaft zu gestalten, - im zweiten Teil sind es Klangfetzen, die uns umwehen. Auch hier also eine Umwandlung. Wir tun nicht falsch daran, unseren Erinnerungen an im vergangen Jahr Erlebtes in diesem Stück nachzugehen oder auch ganz passiv nachzuhängen. "Einiges von dem", - nicht Alles" - wird von der Orgel her zur Sprache kommen.

Auch die bekannte Tokkata mit Fuge d-moll von Johann Sebastian Bach ist - hört man sie nicht nur oberflächlich - ein Werk des Wandelns. "Es geht abwärts, es geht abwärts, es geht abwärts": drei Mal schmettert Bach uns dies in den musikalischen Formeln der barocken Figurenlehre um die Ohren. Aber auch: "es geht aufwärts", - auch dies drei Mal, - aber wie mühsam geht es aufwärts" Und die Spannung "aufwärts-abwärts" bestimmt die gesamte Tokkata. Sie wird aufgefangen in der Fuge, der Setzart gearbeiteter Musik, deren Thema den Anfangstakten entnommen ist, aber nun gebändigt und konzentriert zum Ausgleich zu kommen scheint, aber es eben nur scheint, denn die Fuge bricht ab und ein Tokkatenschluß nimmt die Spannung des Anfanges wieder auf, ohne sie zu lösen. Die Umwandlung ist eben nur eine scheinbare: auch wir müssen in ungelösten Spannungen leben, - wie sie Bach wieder am Schluß dieses seines berühmtesten Stückes aufgezeigt hat. Und gerade darum, weil die Umwandlung wieder zurückgenommen wurde, kann uns dieses Werk vielleicht am besten helfen, ohne alle Illusionen (und wie leicht verwechselt man Illusion mit Wandlung) den Spannungen, die uns im Neuen Jahr mit Sicherheit wieder erwarten werden, gefaßter zu begegnen und mit ihnen zu leben, ja eben: zu leben. Ich wünsche Ihnen ein gesegnetes Neues Jahr!

****

ORGELKONZERT ZUM TOTENSONNTAG 1983
Max Reger: Introdukton und Passacaglia f-moll
Johann Sebastian Bach: "Vor deinen Thron tret' ich hiermit"
Max Reger: Trauerode op. 145b

(Anmerkung zur Situation: Absichtlich hat der Verf. für sein Konzert an diesem Tag stets den Namen "Konzert zum Totensonntag" verwendet. Er wollte damit eine Ergänzung zu dem Vormittagsgottesdienst anbieten, der nach der Agende gewöhnlich als "Letzter Sonntag im Kirchenjahr" gehalten wurde und Trauernde zumeist ungetröstet entließ. Zu dem Konzert am Totensonntag 1983 waren unerwartet sehr viele junge Menschen gekommen. Sie versuchte der Verf. mit dem zum Schluß gebrachten Zitat in die Gedankenwelt des Tages und des Konzertes einzubeziehen.)

Liebe Hörende!

Lassen Sie sich begrüßen zum Orgelkonzert zum Totensonntag. Ich beginne mit "Introduction und Passagcaglia f-moll" aus den "Monologen" von Max Reger. Beide Stücke sind Monologe, also Selbstgespräche, Monologe eines Grames, wie ihn auch wir empfinden können beim Verlust lieber Menschen, wobei wir ja durchaus nicht allein den Tod älterer, sondern auch etwa den Verkehrstod so manches jüngeren Menschen zu beklagen haben. In diesen beiden Werken spricht Reger aus, was so mancher von uns in Gedanken oder still vor sich hin aus tiefem Gram Wort werden läßt.

Johann Sebastian Bach schrieb seinen Choralsatz für Orgel über den Choral "Wenn wir in höchsten Nöten sein" dreimal, - zum letzten Mal diktierte er ihn auf dem Totenbett, schon erblindet, seinem Schwiegersohn in die Feder und brachte dabei gegenüber den früheren Fassungen einige unscheinbare, doch ihm wichtige Änderungen an. Er ersetzte die bisherige Überschrift durch die zweite "Vor deinen Thron tret' ich hiermit" und änderte die Folge der verzierten Choraltöne so, daß eine Zahl herauskam, die im damals jedem Theologen und Musiker vertrauten Zahlenalphabet ergab "Johann Sebastian Bach", - "Ich, Johann Sebastian Bach, trete vor Deinen Thron hiermit", und die

Gefaßtheit und Bereitschaft, die gleich zu uns aus diesem Tonsatz entgegenklingt, mag auch uns Beispiel sein, einmal so unseren Tod zu erleben zu wünschen.
Ich schließe mit der Trauerode von Max Reger, dem letzten für Orgel komponierten Werk des ja früh verstorbenen Komponisten. Trauer und Entsetzen wechseln immer wieder miteinander ab in diesem Stück, doch es klingt aus in lichten Klangfarben, in welchen das Kirchenlied ertönt "Was Gott tut, das ist wohlgetan". Der Monolog der eingangs gespielten Werke wird hier wie ein Dialog, - ein Zuspruch.
Geht das Gedenken an Tod und Sterben nun nur die Älteren an, und nicht Euch Junge? Ich erinnere an eine Schallplatte, die doch vor allem wohl für Euch gepreßt worden ist mit den Versen
""Und als sie starb, da schlief sie lächelnd ein,
wir aber sahen uns betroffen an,
weil man aus einem Leben nur allein
doch nicht so fröhlich scheiden kann".
(Gruppe Karussel, Texte Demmler)
Nun, gleich "fröhlich scheiden" verlangt ja auch keiner, doch die Ruhe, dieses Leuchten beim letzten Ende, das Regers Choralsatz am Schluß der Trauerode bringt, sollten wir alle uns wünschen.

****

ORGELKONZERT ZUM REFORMATIONSTAG 1983

Nikolaus Bruhns: Präludium e-moll
Georg Friedrich Böhm: "Vater unser"
Marek Kopulent: Halleluja per organo
Johann Sebastian Bach: "Dies sind die heilgen Zehn Gebot"
Johann Sebastian Bach: Präludium und Fuge e-moll.

Liebe Hörende!
Wenn ich in den früheren Jahren zum Orgelkonzert am Reformationsfest die Hörer begrüßte, habe ich immer eine Menge Sätze darauf verwenden müssen, zu erklären, um was für einen Festtag es sich eigentlich handele: Reformationsfest. Ich glaube, es ist in diesem Jahr überflüssig, haben doch sicherlich die meisten von Ihnen den fünfteiligen Fernsehfilm im Fernsehen der DDR über Martin Luther, konzentriert auf zehn Jahre seines Lebens, gesehen. Und ist doch sicherlich jedem dabei deutlich geworden: Luther war ein Reformierender, und weil er ein Reformierender war, mußte er ein Protestierender werden. Zu reformieren, war seine Absicht. "Wer zur Quelle will, muß gegen den Strom gehen", - zu protestieren war unausweichlich.
Die Orgelmusik der protestantischen Kirche - das ist das gleiche Wort! - ist ihrerseits in dieser Tradition Luthers auch weitgehend eine protestierende Musik, erwachsen aus negativen Emotionen. Eine Musik, die das zur Sprache bringt, was etwa in einem Gottesdienst, der auf Lob gestimmt ist, nicht zur Sprache kommen würde, hätte es nicht die Orgelmusik übernommen. In früheren Jahrhunderten, in Zeiten also, aus denen die Orgelmusik, die wir weitgehend spielen, stammt, gab es ein deutliches Gegenüber zwischen der lobenden Musik der Vokalkunst und der protestierenden Musik der Orgel.

Der Anlaß für die Proteste, die in den Orgelmusiken oft laut werden, ist uns natürlich weitgehend unbekannt. Vom ersten Stück, das heute erklingt, kann man stark vermuten, daß es aus ganz persönlicher Protesthaltung gegen ein ganz persönliches Geschick geschrieben ist. Nikolaus Bruhns starb sehr jung, und seine Lebens- und Schaffenszeit wurde überschattet von der "Schwindsucht", der Tuberkulose. Gegen dieses Geschick sich aufzulehnen: das Recht eines jeden Menschen, und eines jungen Menschen zumal. Er gab diesem in dem eingangs erklingenden Stück, dem großen Präludium e-moll, Ausdruck: protestierende Musik.

Es folgt danach "Vater unser im Himmelreich" in der Bearbeitung von Georg Friedrich Böhm. Es ist ein Luthertext, in dem Luther das Gebet des Vaterunser in Reimform gebracht hat. Böhm hat dieses Stück in unglaublicher Schönheit vertont, einer Schönheit des Vertrauens und des Glaubens. "Glauben schafft gute Nerven". Ich spiele dies Stück vornehmlich für diejenigen unter uns, die für längere Zeit Abschied von uns und von den Orgelkonzerten nehmen müssen. "Glauben schafft gute Nerven" oder zumindest "Glauben beruhigt die Nerven". Wohl dem, der ihn hat.

"Halleluja per organo" von Marek Kopulent, einem gegenwärtig lebenden tschechischen Komponisten . "Halleluja" ist ein Jubelruf, und vielleicht erwarten Sie jetzt eine ganz freudige, fröhliche, aufjubilierende Musik, - aber schauen Sie: wäre das nicht heuzutage Illusion? Nicht nur, daß mit zunehmendem Informationsfluß man doch täglich auch mit schrecklichen Nachrichten überschüttet wird, sodaß einem schon von daher die Harmlosigkeit eines Jubelrufs erstickt wird, - ist es doch aus sonst so, daß unsere Zeit (wie man so sagt) doch im Gesamten eine so sehr ernste ist, daß man fast meint, jubeln kann man eigentlich nur noch aus ganz persönlichem Anlaß, aus ganz persönlichem Glück, aus ganz persönlicher Freude. Und selbst *der* Jubel kann überschattet werden durch das Gesamte. Und dieses versucht "Halleluja per organo" von Kopulent wohl auszudrücken. Ein Stück, das ganz fahl im Klang beginnt, dann das Ausbrechen bringt und in sich zusammenfällt.

"Dies sind die heil'gen Zehn Gebot", eine Choralbearbeitung wieder über ein Lutherlied, von Johann Sebastian Bach. Unter "Geboten" stellen wir uns natürlich immer das Strenge vor, was es ja auch ist. Aber Bach hat diesen Choral in dieser Bearbeitung völlig anders vertont. Es ist ein weiches Stück, und es ist verwandt einem Choralsatz (Kantate 77). Da hat Bach den Choral instrumental spielen lassen und dazu singen lassen "Du sollst Gott, deinen Herrn, lieben von ganzem Herzen , von ganzer Seele und mit ganzem Gemüte und deinen Nächsten wie dich selbst", - ein Jesus-Wort, bezeichnet als das "höchste Gebot", höher als alle anderen. "... und deinen Nächsten wie dich selbst": Es geht also nicht um eine Gebotsstrenge, sondern um das Verhältnis von Mensch zu Mensch. Bach gibt in diesem Choralvorspiel der Sehnsucht nach diesem Verhältnis von Mensch zu Mensch, "deinen Nächsten lieben wie dich selbst", also einem Leben ohne Feindbild, in wunderschönen Klängen Ausdruck.

Ich schließe mit Präludium und Fuge e-moll von Johann Sebastian Bach, wieder, wie das eingangs gespielte Stück von Bruhns, Musik in der Tradition des Protestantischen, des Protestierenden. Wir kennen den Anlaß nicht. Es ist ein überdimensionales Stück, ein Stück, das im Formalen weit hinausweist in die Welt später Sonaten Beethovens. Aber das besagt ja über den Ausdruck nicht viel. Mehr sagt: es ist Musik eines Protestierenden. Ziehen wir die Summe der heute hier zu Gehör kommenden Musik: sie ist nicht nur "Spiegel des Protestantismus", sondern sie ist Angebot für uns heute, uns aufgefangen zu wissen, in dem, was einem schwerfällt, von etwas, was einem weiterhilft.

ORGELKONZERT ZUM JAHRESWECHSEL 1981/82

Jean Tielouze: Amen
Johann Ludwig Krebs: "Ach Herr, erhör' mein Seufzen"
Dietrich W. Prost: Konzept
Johann Gottfried Walther: "Lobe den Herren"
Johann Sebastian Bach: Tokkata und Fuge d-moll

Liebe Hörende!
"Amen" heißt "okay", heißt "in Ordnung", heißt "ja"! Und jeder ist eingeladen, unter den weitschwingenden Klängen des "Amen" von Jean Titelouze sein "ja" zu sagen zu dem, was im zu Ende gehenden Jahr ihm bejahenswert erschien.
Dies soll und darf kein summarisches "ja" sein, - zu viel war auch zu erleben, was das Herz schwermachte. Und darum steht unmittelbar neben dem "ja" das "nein". "Ach Gott, erhör' mein Seufzen" ist ein Liedtext aus großer Bedrängnis heraus geschrieben, aus einhelligem "nein", und von Johann Ludwig Krebs in seiner Bearbeitung des Chorales ausdrucksstark intensiviert.
Wohl jeder von uns hat Vorstellungen und Wünsche für das kommende Jahr, - jeder macht sich ein Konzept. Und jeder weiß zugleich, daß niemals alles Vorhaben verwirklicht werden kann, - immer wieder stellen sich dem Vorhaben und den Wünschen Widerstände unterschiedlichster Art entgegen. Diesem Spannungsfeld, in dem wir uns verwirklichen müssen, musikalischen Ausdruck zu geben, versuchte ich in dem Klangfarbenstück "Konzept".
Es gab glücklicherweise auch Erlebnisse im vergangenen Jahr, für die man dankbar sein kann. Die schlichte und doch festliche Choralbearbeitung zu "Lobe den Herren" von Johann Gottfried Walther bringt nun dies zum Klingen, - die, wenn auch hymnologisch als solche nicht ganz abgesicherte, "Stralsunder Melodie" berührt uns hier natürlich besonders.
Ich schließe, wie immer Silvester, mit der Tokkata und Fuge d-moll von Johann Sebastian Bach. Wohl das bekannteste und beliebteste Orgelwerk Bachs, - und doch wird man sich fragen müssen, ob dies nicht eigentlich auf einem Mißverständnis des Stückes beruht. Das Werk ist doch gar kein nur virtuoses Stück, - es ist sehr ausdrucksstarke, sehr ernst zu nehmende Musik! In der Figurenlehre des Barock beutet eine abwärts verlaufende Bewegung nicht nur ein musikalisches Geschehen, sondern stets zugleich ein innerliches. "Es geht abwärts", mit mir, mit uns, - und umgekehrt eine Aufwärtsbewegung, "es geht aufwärts", mit mir, mit uns. Und diese Tokkata beginnt mit dreimaligem abwärts, und mühsam genug geht es dann über viele Takte lang wieder aufwärts. Wohlgemerkt: es wird "abwärts" und aufwärts" nicht dargestellt, - es ereignet sich, - und wir können uns mit ihm identifizieren. In diesem innerlichen abwärts-aufwärts lebt das ganze Stück, - in ihm leben ja auch wir.
Das Fugenthema besteht aus den gleichen Noten wie der abwärtsschlagende Anfang, - die Fuge wird stark ausgeweitet über die eigentlich Fugenkonstruktion hinaus, und ihr schließt sich wieder ein tokkatenhafter Schlußteil an, - das gesamte Werk endet in der moll-Tonart, nicht in "optimistischem Dur". Und doch: der Hörer wird nicht deprimierter denn je zurückgelassen, sondern weil Bach wagte, zu sagen, was ihn selbst bewegt, ist er geradezu erleichtert. "Und was du keinem darfst erzählen, magst du Gott gar kühnlich sagen": hier geschah es. Und dies hilft zu überdauern, - und in dieser Hilfe liegt doch der Sinn jeder Orgelmusik.
Ich wünsche uns allen eine Stunde guter Besinnung zum "ja" und "nein", zu "Konzept"

und "Lob" und dem Affektengehalt der Bachschen Tokkata. Ich wünsche uns allen ein gesegnetes Neues Jahr:

***

ORGELKONZERT ZUM REFORMATIONSTAG 1980
Dietrich Buxtehude: Tokkata d-moll
Dietrich Buxtehude: "Wär' Gott nicht mit uns diese Zeit"
Hendryk Mikolai Gorecki: "kantata"
Johann Sebastian Bach: "Wir glauben all' an einen Gott
Johann Sebastian Bach: Tokkata und Fuge d-moll

(Anmerkung zur Situation: Das Konzert am 31. 10. 1980 wurde besonders stark von jungen Menschen besucht, die ihrer Einberufung zur Nationalen Volksarmee in den nächsten Tagen entgegensahen, darunter auch von mehreren dem Verf. persönlich bekannten.)

Liebe Hörende!

Ich begrüße Sie herzlich zum Orgelkonzert am diesjährigen Reformationsfest! Für viele unter Ihnen wird dieser Begriff nicht mehr viel bedeuten, - er sei kurz erklärt: es ist der Gedenktag an den Tag, an dem Martin Luther eine Änderung, eine Reformation der Kirche seiner Zeit durch die Bekanntgabe gewisser Grundsätze einer von ihm vorgeschlagenen Neuordnung in die Wege leitete. Es ist dieser Tag aber eigentlich mehr als nur ein Tag des Erinnerns an ein historisches Ereignis, - würde doch wohl unser Leben, wie aber auch das Leben der Kirche, einfach stillstehen und stagnieren, verliefe es nicht letztlich in einer Neuformung in Permanenz. Und darum ist solch ein Tag immer des Gedenkens wert, nicht eines Gedenkens rückwärts gewendet, sondern des Gedenkens als Mahnung an uns selbst.

Ich weiß, daß für eine Reihe der Konzertbesucher heute das Konzert gleichzeitig ein Abschied ist für längere Zeit, und ich wünsche, daß das Programm, wie überhaupt alles, was an Orgelmusik hier immer erklungen ist, gerade diese Menschen auch weiterhin innerlich begleiten möchte.

Zu Beginn erklingt die Tokkata in d-moll von Dietrich Buxtehude. Eine Tokkata ist eine musikalische Form, die sehr große Freiheiten der Gestaltung in der Komposition und der Nachgestaltung in der Interpretation gestattet und fordert. Buxtehude wechselt in diesem Stück zwischen diesen frei gestalteten Takten mit Perioden, in denen er ganz strenge Fugen geschrieben hat. In dem Wechsel zwischen freiheitlichem Gestalten und geordnetem Gestalten ist dieses Stück ausgeführt. Nun, die freiheitlich gestalteten Teile sind ein ganz subjektiver Ausdruck des Komponisten, und es ist merkwürdig: (wir kennen den Anlaß natürlich nicht, aus dem heraus er dieses Stück schrieb) daß dieser Ausdruck nicht der einer überschwenglichen Freude, sondern der eines tiefen Zornes ist. Es scheint mir immer, als habe sich Buxtehude mit den eingestreuten Fugen innerlich selbst zur Ordnung bringen wollen. Aber dann brach wieder das andere in ihm durch, und das Stück endet auch nicht in einer Fuge, also in der Musik der Ordnung, sondern es endet in dem emotionalen Ausdruck, im Ausdruck des Zornes.

Allezeit hat die Orgelmusik in der Kirche die Aufgabe gehabt, neben der, wie man früher

sagte, "regulierten Kirchenmusik" der Kantate, die in erster Linie eine "lobende Musik" war, neben dieser lobenden Musik "Musik der Klage" zu sein, das zum Ausdruck zu bringen, was das Herz beschwerte. Es folgt von Buxtehude der Orgelchoral "Wär' Gott nicht mit uns diese Zeit". Das ist ein alter Luther-Text, den er aber einem Psalm nachgedichtet hat, ein Gebet um Hilfe für die Kirche in der damaligen Bedrängnis. Buxtehude hat diese Choralbearbeitung wie aus einem großen Abstand gestaltet. Gerade nach der zuvor gespielten Tokkata, die so ganz subjektiv seinem Zorn Ausdruck gibt, ist diese Choralbearbeitung eine Welt der Kühle. Warum er das so gestaltet hat, weiß ich nicht. Vielleicht war in seiner Zeit das Gefüge (der Kirche) doch so in Ordnung, daß ihm dieser Choral nicht sonderlich naheging, - aber uns wird er schon nahegehen.
In der Mitte des Programmes steht das große Orgelwerk "kantata" von dem polnischen Komponisten Hendryk Nikolai Gorecki. Gorecki schrieb dies Stück für die Orgel in Kamien Pom. , die von dem Schwiegersohn von Friedrich Stellwagen, dem Erbauer unserer Orgel, erbaut worden war. Dieses Stück ist also sozusagen für das "Tochterinstrument" unserer Orgel komponiert worden. Soll ich es charakterisieren, so muß ich sagen, es ist Musik tiefen, inneren Schreiens, Stammelns, Verstummens.
Von Johann Sebastian Bach der Orgelchoral "Wir glauben all' an einen Gott". Die einzige Choralbearbeitung Bachs, in der er nicht die Melodie von Anfang bis zum Schluß erklingen läßt, sondern sie nur thematisch zitiert. Ich glaube nicht, daß der Grund darin lag, daß die Melodie unverhältnismäßig lang ist, - Bach hat längere Choralbearbeitungen geschrieben. Es kam ihm wohl darauf an, die Aussage dieses Stückes ganz konzentriert zusammenzufassen. Die Manualstimmen zitieren den Anfang der Melodie immer wieder, aber nur den Anfang, und das Pedal in einer ganz gesonderten Klangwelt gesellt sich dazu in großen Schritten aufwärts, - und solche Schritte aufwärts waren damals Symbol für "Zuversicht". Es ist eine große Zuversicht, die aus dieser Musik spricht.
Ich schließe mit der Tokkata d-moll von Johann Sebastian Bach. Sie wissen es: eigentlich spiele ich sie immer nur zu Sylvester, weil das Stück ein wenig zu häufig gespielt wird. Aber heute habe ich einem besonderen Wunsch gerne stattgegeben. Auch diese Musik, ähnlich wie die zu Beginn erklingende Tokkata von Buxtehude, ist eine Musik des Trotzes. Aber ganz anders gestaltet als bei Buxtehude: man verläßt dieses Stück nun nicht zerknirschter denn je, sondern letztlich befreit. Wenn Hermann Hesse meint, dieses Stück münde ein in den Ausdruck der Liebe, kann ich ihm darin nicht folgen. Sonderbarerweise schließt dieses Werk nämlich mit dem moll-Akkord, nicht mit dem Dur-Akkord, wie etwa Buxtehude. Aber das Stück ist doch so groß in seiner Art, daß es sich über den Trotz, aus dem es bestimmt entstanden ist, emporhebt zu einer großen Überwindung, zu etwas, was uns überdauern hilft. Und das ist ja der Sinn jeder Orgelmusik.

****

STELLWAGEN+ORGEL+SOMMER+KONZERT 05. 09. 1979
Dietrich Buxtehude: Ciacona e-moll
Jan Pieterszon Sweelinck: Echo-Fantasie
Ruth Zechlin: Orpheus
Johann Sebastian Bach: Fantasie G-Dur

(Anmerkung zur Situation: Der Sommer 1979 war durch besonders schönes Wetter geprägt. Der Gegensatz zwischen der Urlaubszeit und dem tristen Alltag belastete viele Menschen noch mehr als sonst. Der Verf. wollte mit seiner Programmauswahl und mit seinen Worten auf den Wert und die Wichtigkeit bleibender Erinnerungen hinweisen als einer Lebensquelle, die man sich nicht nehmen lassen sollte.)

Liebe Hörende!

Der Wunsch, sich zu erinnern, ist eine Grundsehnsucht der Menschen. Möchte man zwar negative Erlebnisse möglichst rasch vergessen, so wünscht man andererseits umso mehr, schöne Erfahrungen möglichst lange in sich lebendig zu erhalten. Technische Hilfsmittel wie Fotografien, Tonbandaufzeichnungen und dergleichen sind dabei hoch willkommen, aber sie ersetzen nicht das lebendige gedankliche Erinnern in uns. Ist nicht unsere Situation am heutigen Abend hier auch stark davon geprägt, daß diejenigen, die noch im Urlaub sind, viele Erinnerungen daran bewahren möchten und Erinnerungsmomente geradezu sammeln, - diejenigen, die ihren Urlaub bereits verlebt haben, jedoch immer wieder ihn sich vor Augen führen, um im Erinnern den Wechsel zwischen harter Arbeitswelt und schöner Urlaubszeit, zwischen dem Zwang des nun wieder alltäglichen Lebens und der Ungebundenheit der Ferien, zwischen der Losgelöstheit der Stimmung im Urlaub und vielleicht nun schon wieder aufgetretener persönlicher Spannungen und Belastungen bewältigen zu können? Man möchte im Sich-Erinnern dem erlebten Schönen Dauer verleihen, - lange und intensiv.

Seit die Musik aus der Gebundenheit magischer Abzweckung und spekulativen Denkens gelöst wurde und man sie als Träger auch emotionaler Kräfte erkannte, hat man auch das Erinnern musikalisch zu erleben versucht. Es wird musikalisch seither vollzogen als Echo-Musik. Eine musikalische Phrase wird wörtlich wiederholt, oder sie wird abgewandelt wiederholt, oder sie wird im Klangfarbenwechsel wiederholt, wie auch immer: das Echospiel ist Erinnern, - und unser heutiges Programm habe ich bewußt als Einladung zum Erinnerns aus solcher Musik zusammengestellt, die auf dem Echospiel basiert. Gerne mögen Sie also während dieser Musik sich Urlaubserinnerungen hingeben, - es ist ganz legitim. "Ich gedenke der vorigen Zeiten . . :" heißt es in der Bibel, - zu diesem Gedenken, nun speziell an Urlaub und Ferien, lädt unser Programm heute in der Mehrzahl seiner Stücke ein.

Wir hören zu Beginn die Ciacona e-Moll von Dietrich Buxtehude. Über einem im wesentlichen gleichbleibenden Baß erklingen Tonsätze, die abschnittsweise im Echospiel wiederholt werden. Die Kombination dieses Echospiels, also des Erinnerns, mit gleichbleibendem Baß, also etwa Konstantem, kann uns die Frage nahebringen, was im Wechsel und Erinnern für jeden von uns das innerlich Bleibende, Tragende ist.

Alsdann folgt die kleine Echofantasie von Jan Pieterszon Sweelinck. Bei diesem Stück bildet eine leise Begleitung den Hintergrund für das Echospiel einer Melodiestimme, die auf dem Rückpositiv bzw. dem Oberpositiv erklingt. Die Länge der Melodieabschnitte ist dabei sehr unterschiedlich, - wie ja auch die Momente, an die wir uns so gerne erinnern, durchaus unterschiedlicher Größe und Zeitdauer waren. Durchaus ist nicht immer das Monumentale uns für die Erinnerung das wichtigste, - auch die kleinen

glücklichen Augenblicke möchten wir oft sogar besonders gerne uns wieder vor Augen führen.
Aus der Zeit des klassischen Griechentums, etwa 800 bis 600 Jahre vor Christi Geburt, ist uns die Sage von Orpheus überliefert, einem Musiker. Nach nur einem Tag seiner Ehe verlor er seine Frau, als sie durch den Biß einer Schlange getötet wurde, und seine Sehnsucht nach ihr war so stark, daß er sich - ich folge der griechischen Mythologie - aufmachte, sie in der Unterwelt wiederzufinden. Durch die Schönheit seines Harfenspieles und Gesanges vermochte er, den Gott der Unterwelt dazu zu bewegen, ihm die geliebte Gattin wieder herauszugeben, - doch war die Forderung damit verbunden, daß er sich nicht nach ihr umsehen dürfe, bevor sie nicht die Oberwelt, also das irdische Dasein, wieder erreicht hätten. War es übergroße Sehnsucht nach ihr, war es doch leises Zweifeln daran, ob sie ihm auch wirklich nachfolgte: Orpheus drehte sich nach Euridice um, - und erneut entschwand sie, und nun für immer, seinen Blicken.
Ob zu Recht oder zu Unrecht, sei heute dahingestellt: die Kirchenväter aus der Frühzeit des christlichen Glaubens haben Orpheus bereits christlich uminterpretiert. In ihm, der den Tod besiegen wollte, sah man eine Präfiguration, eine Vorbildung Christi, und auch das biblische Bild von Jesus als dem "guten Hirten" sah man bei Orpheus, dessen Musizieren auch die Tiere friedlich gelauscht haben sollen, bereits vorgebildet. Aus dieser Sicht ist die Interpretation dieses Titels auch in einem Orgelkonzert in unserer Kirche durchaus legitim, - die Interpretation der Gestalt der Orpheus, die sozusagen theologische Interpretation, durch die Komponistin ist mir nicht bekannt. Es ist eine stark deklamatorische Musik. Ballungen, die zergehen, ein Anlauf, der zerrollt, - Energie, die sich auflöst. Und in Selbstauflösung endet das Stück. Wir sollten daran denken, daß es nicht immer die Sieger sind, die in die Geschichte eingingen, - gerade als Gescheiterter ging Orpheus in das Gedächtnis der Menschheit ein bis heute.
Wir schließen mit der Fantasie G-Dur von Johann Sebastian Bach, wieder einem Echostück zumindest im ersten Satz. Dem Echospiel, dem Erinnern also, folgt ein Lobgesang, der nach Albert Schweitzer dem Chor "Ehre sei Gott in der Höhe" aus dem "Weihnachtsoratorium" verwandt ist. Doch dieser weitströmende Lobgesang schließt plötzlich dissonierend, - die Dissonanzen werden schließlich in einem langen Spielwerk aufgelöst. Kann uns das Spiel helfen, wenn unsere Freude, unser Lobgesang beeinträchtigt wird, wodurch auch immer? Kinder finden durch Spiel wieder zum inneren Gleichgewicht, wenn es verlorenging, - Bachs Werk könnte uns Anlaß sein, darüber nachzudenken, ob nicht auch wir Erwachsenen im Spiel, - und ich denke da auch besonders an gemeinsames Spielen im Familien- und Freundeskreis - manche Dissonanzen, die in unserem Leben auftreten, auflösen könnten.

****

Die Stellwagen-Orgel wurde wohl nie in ihrer mehr als dreihundertjährigen Geschichte so "ausgenutzt" wie in den Jahren der "Orgelwelle" und danach. Es ehrt ihren Erbauer zuhöchst, daß sie diesen ungewöhnlichen Ansprüchen so umfassend entsprechen konnte.

4. Orgeln in St. Jakobi

In der Silhouette des mittelalterlichen Stadtbildes von Stralsund erscheint die Jakobikirche zwar als die kleinste unter den drei großen; sie hat im Leben der Stadt auch niemals den hohen Rang ihrer Nachbarkirchen einnehmen dürfen, doch beherbergte sie stets neben manchen anderen hochbedeutenden Kunstschätzen auch bemerkenswerte Orgeln, über die wir dank eines lückenlosen Archivmaterials vollständig unterrichtet sind. [77] Von den Instrumenten selber ist heute allerdings außer beklagenswerten Resten nichts mehr vorhanden, - für Stralsund als "Orgelstadt" ein unersetzlicher Verlust.

4. 1. Frühe Orgeln

In einem Testament aus dem Jahr 1467 wird zum ersten Mal eine Orgel in St. Jakobi erwähnt,[78] denn 10 Mark werden gestiftet

> "to einer tafeln alse men geit uppe de lütten orgelen".

Wo es eine "lütte" Orgel gab, wird es auch eine "grote" gegeben haben, so daß wir für den genannten Zeitpunkt an St. Jakobi mit dem Besitz von zwei Orgeln werden rechnen dürfen. "Anno 82", vermutlich 1582, berichtet ein plattdeutscher Text von einer Verlegung des Orgelchores, von Materialien, Kostgeld, Löhnung usw. für Orgelbauarbeiten, und von dem "Orgelbauer Nicolai", worunter wir Nikolaus Maaß (2. 2.) zu verstehen haben. [79] Deutlicheres besagt ein Kostenanschlag 1633 über einen Orgelumbau, signiert von Paul Ludemann. [80] Wenn in ihm u. a. bestimmt wird, daß alle Pfeifen sollen

> "chormäßig gestimmet und gelinder intoniret werden, weill sie itzo ziemlich hoch und unfreundlich gehen",

erkennen wir bereits zielbewußte Klangvorstellungen. Ein weiterer Reparaturvorschlag ist von "Johann Jaster, Orgelbauer allhier" unterzeichnet. Er war ein Orgelbauer des ausgehenden 17. Jahrhunderts. Nach Heyden[81] stammt er aus Altentreptow. "Orgelbauer allhier" dürfte demnach eher besagen: "z. Zt. in Stralsund". Die in "Acta Organologica" unterstellte Gleichzeitigkeit vom Wirken beider

---

77) Kirchenarchiv St. Jakobi, Tit. 1, 1a.

78) Stadtarchiv Stralsund, Test. 659.

79) s. a. Prost 3.

80) Acta Organologica, Bd. 18, S. 108.

81) Heyden, Hellmuth: Kirchengeschichte, Köln 1957.

in Stralsund scheint dem Verf. nicht gesichert. [82] Die nun auch mitgeteilte Disposition zeigt eine Orgel von immerhin 23 Registern Größe mit "Groß Werck", "Rückpositiv" und "Baß stimmen" (Pedal). [83]

Nach Fertigstellung der Orgel in St. Marien hat Friedrich Stellwagen (3. 3.) an diesem Werk gearbeitet - wodurch wir die einzige in Stralsund überkommene eigenhändige Unterschrift Stellwagens besitzen. [84] Jedoch schließt 1699 ein Gutachten des Rostocker Orgelbauers und Organisten Johann Engelbrecht Gerhardt kurz und bündig:

> "In Summa ich befinde daß es ein altes zerstücktes und zerpflücktes Werck und nichts nutze ist". [85]

4. 2. Die Orgel von Christian Gottlieb Richter

Erst 1732 wird ein Kontrakt mit "Christian Gottlieb Richter. Concessionierten Orgelmacher aus Alten Stettin"[86] geschlossen. Der Bau wird am 19. Juli 1741 abgenommen.

Richters Orgel bescherte St. Jakobi den schönsten Orgelprospekt Vorpommerns! Der "Riß" (Entwurf) stammt von dem Orgelbauer selbst. Das Instrument war auch eine Werk-Orgel, aber gänzlich anderen Types als Stellwagens Orgel in St. Marien. Es gab kein Rückpositiv mehr, sondern Hauptwerk, Oberwerk und Pedal waren in einem Hauptgehäuse zusammengefaßt, und das einstige Rückpositiv älterer Orgeln war als Unterwerk in dieses Hauptgehäuse mit einbezogen worden.

Es war eine Aufstellung nicht mehr nach dem Prinzip der alternierenden Musizierweise, sondern nach dem der konzertierenden. Bis 1741 muß es sich auch in den Hansestädten herumgesprochen haben, daß sich in den höfischen Kapellen der Residenzen dies konzertierende Prinzip - es spielen Alle, es spielen Solisten - durchgesetzt hatte. Dem entsprach nun auch die Orgelaufstellung und -aufteilung: eine Tutti-Wirkung des Hauptwerkes, an das beide andere Werke auch angekoppelt werden konnten, und dem Hauptwerk sind die solistischen Zwischensätze auf dem Unterwerk und Echowirkungen auf dem Oberwerk zuzuordnen. Die weichen, geschmeidigen Klänge dieser Nebenwerke, sowie eben ihre Einbeziehung in ein

---

82) Acta Organologica, Bd. 18.

83) s. a. Prost 3.

84) s. a. Prost 3.

85) s. a. Prost 3.

86) Über Richter hat sich weder in den vorpommerschen Orgelakten noch in der Fachliteratur Näheres finden lassen.

Hauptgehäuse, aus dem sie sich dann herauslösten wie die Soloklänge der Konzertierenden aus dem Tuttiklang des Orchesters, bilden eine Einheit. (10. 6.)

Die äußere Schönheit dieser Orgel der Prospekt blieb bis 1945 erhalten bewog noch 1883 den englischen Orgelforscher Arthur Hill, sie neben der StellwagenOrgel von St. Marien in seine Sammlung europäischer Orgeln aufzunehmen. [87]

Wie die Organisten an St. Jakobi eine Orgel dieses Typus im gottesdienstlichen Spiel charakteristisch einsetzten, ist aus der zeitgenössischen Literatur der Choralvorspiele ablesbar. Man wird an Stücke von Johann Ludwig Krebs, Johann Gottfried Walther, Georg Friedrich Kauffmann, Gottfried August Homilius u. a. denken dürfen.

Schon 1751 wurde die Orgel von Julius Bünding[88] aus Lübeck und nochmals 1779 von Ernst Marx repariert, wobei die klanglichen Veränderungen von Bünding eigentlich ein wenig "historisierend" wirken, die von Marx aber betrügerisch waren. Und glatte Lüge war es, wenn Marx später diese Orgel als Neubau von sich ausgab. [89] Kindten und Weith aus Stralsund und Buchholz aus Berlin bemühten sich um den Erhalt und die Pflege des Instrumentes, dem seit seiner Erbauung nachgesagt wurde, im Technischen sei es ungeschickt gemacht, bis es nicht mehr zu erhalten war. Ein vollständiger Neubau unter Belassen des wunderbaren Richterschen Prospektes mußte beschlossene Sache werden. Der Auftrag dazu konnte nun wieder einem in Stralsund ansässigen Orgelbauer erteilt werden, Friedrich Mehmel.

4. 3. Friedrich Mehmel

Der Orgelbauer Friedrich Albert Daniel Mehmel, 1827 - 1888, hatte 1858 die Orgelbauwerkstatt von Matthias Fernau (1822 - 1858)[90] durch Einheirat übernommen. Er stammte aus Allstedt bei Weimar und hatte "in den Orgelbauwerkstätten von Ibach in Barmen, Strobel in Frankenhausen, Schulze in Paulinzella und Ladegast in Weißenfels"[91] gearbeitet. Seine Werkstatt hatte er zunächst in Stralsund in der Frankenstraße 275, d. h. in den Arbeitsraumen von M. Fernau. Bereits 1862 war der Meister zu solchem Wohlstand gekommen, daß er sich ein großes Haus im Zentrum der Stadt, am Apollonienmarkt Nr. 86a, hatte bauen lassen können. Das Gebäude steht noch heute (Nr. 16) und wird in der unteren Etage als

87) Hill, Arthur: Orgelgehäuse-Zeichnungen, Neuauflage Berlin 1953.
88) exakte Lebensdaten unbenannt.
89) Bullmann, Franz: Die rheinischen Orgelbauer Kleine... , München 1914.
90) Stadtarchiv Stralsund, Karteien.
91) Wangemann, Otto: Geschichte der Orgel und der Orgelbaukunst, Demmin 1880, S.526.

Gaststätte genutzt. Früher werden im Erdgeschoß die Werkstatträume und der "Orgelsaal"[92] gewesen sein, die Etagenwohnung darüber bewohnte er selbst, die weiteren Wohnungen im Haus waren vermietet, u. a. auch an einen seiner Mitarbeiter.

Über die Anzahl der Beschäftigten in der Werkstatt[93] gibt es widersprüchliche Angaben. "Ich beschäftige 14 Arbeiter", schreibt Meister Mehmel selbst am 8. Juli 1886 an die Kirchengemeinde in Kemnitz bei Greifswald. Für die "Anmeldung zur Unfallversicherung der Berufsgenossenschaft der Musikinstrumenten-Industrie" meldet er jedoch im September/November des gleichen Jahres nur "7 Beschäftigte" an. Möglicherweise arbeiteten die nicht Gemeldeten als Heimarbeiter und unterlagen nicht der Versicherungspflicht. Entwurfsarbeiten am Reißbrett scheint F. A. Mehmel selbst gemacht zu haben, die Intonation der Orgeln führte er auf jeden Fall eigenhändig aus. Die geringe Größe der Werkstatt und ihrer Mitarbeiterzahl macht erklärlich, daß die Mehrzahl der Mehmelschen Orgeln im Kirchengebiet kleinere Instrumente von durchschnittlich 15 Registern sind, und daß er für große Orgeln sehr lange Bauzeiten brauchte, bis zu sieben Jahren! Einmal entschuldigt Mehmel verzögerte Auslieferung an St. Jakobi mit "starkem Sozialdemokratismus" unter seinen Arbeitern, doch das Mißverhältnis zwischen Betriebsgröße und einigen großen Aufträgen kann man kaum verkennen. Charakteristische Bauweisen vieler Einzelteile in Mehmel-Orgeln, die man an anderen Orgeln Vorpommerns nicht findet, deuten darauf hin, daß Mehmel zudem das meiste in seiner Werkstatt (oder durch Heimarbeiter) selbst herstellen ließ, weitgehend unabhängig von Zulieferbetrieben.

Bei Werkstattübernahme konnte der dreißigjährige Meister auf ein ausgedehntes Arbeitsgebiet von Stralsund aus hoffen. Die meisten Dorfkirchen Vorpommerns waren noch ohne Orgeln; oft genug waren auch einst vorhanden gewesene Orgeln infolge der Kriegshandlungen in der "Franzosenzeit" zerstört worden. [94]

Die Orgelbauanstalt B. Grüneberg-Stettin hatte ihr Haupttätigkeitsfeld im Raum Stettin, Pasewalk und Anklam sowie im damaligen Hinterpommern, wo sie es sich jahrelang mit "Emil Kaltschmidt & Comp. "[95] aus Stettin-Grünhufe teilen mußte. Die Orgelbaufamilie Buchholz hatte sich aus Vorpommern zurückgezogen.

---

92) in Urania, Zeitschrift für Orgelbau und Musikinstrumentenkunde, fällt dieser Ausdruck in Bezug auf Mehmels Werkstatt mehrfach.

93) s. a. Prost 7.

94) etwa in den Orgelakten Prohn bei Stralsund beschrieben

95) über Kaltschmidt s. a. Prost 10.

Die Kirchengemeinden waren in guter finanzieller Situation und konnten in der Ausstattung ihrer Dorfkirchen dem Vorbild der Stadtkirchen folgen. Um Aufträgen westlich Vorpommerns nachkommen zu können, gründete F. A. Mehmel eine Filiale in Wismar. Über die Dauer des Bestehens dieses Zweigbetriebes liegen unterschiedliche Angaben vor. Nach dem Bau einer großen Orgel im Ratzeburger Dom wurde F. A. Mehmel 1881 zum "HofOrgelbauer S. K. Hoheit d. Grossherzogs v. M. Strelitz" ernannt; der preußische Staat hatte für einen Orgelbauer in der Provinz Pommern keine Anerkennung bereit.

Friedrich A. Mehmel hat seine Orgel nicht mit einer opus-Zahl versehen. Wir kommen für Vorpommern auf 45 Instrumente von seiner Hand, in Mecklenburg werden 20 Neubauten von ihm nachgewiesen, im weiteren Raum Norddeutschlands 7. [96] Wenn die von seinem Sohn in Groß Bisdorf erbaute Orgel als "op 180" beschildert ist, so ist dies nur mit einer Zählung auch von Umgestaltungen zu erklären. Mehmels "westlichste" Orgel stand in Cuxhaven, seine "östlichste" in Colbergmünde.

Solange F. A. Mehmel im direkten Küstengebiet einziger Orgelbauer mit einer leistungsfähigen Werkstatt war, konnte er ohne Devotion mit seinen Auftraggebern verhandeln.

> "... Orgelbauen ist eine Kunst und kein gewöhnliches Handwerk... Einen solchen Contract gehe ich nicht ein... ".

Als ihm nach dem Bau der Eisenbahnlinien diese Sonderstellung verlorenging und auch andere Orgelbauer in "seinem" Arbeitsgebiet tätig wurden, begann seitens vieler Gemeindekirchenräte das üble Ausspielen eines Orgelbauers gegen den anderen und zwang auch Mehmel jenen schmeichlerischen Ton ab, der den Briefverkehr späterer Jahre prägt. In Stralsund selbst behandelten ihn die Provisoren bzw. Kirchenältesten von St. Marien geradezu schäbig, die Gremien von St. Nikolai besser und die von St. Jakobi fair und anständig.

In der "Urania" wird Mehmel als "bieder und freundlich" geschildert. Ein Brief wenige Wochen vor dem Tod seiner Frau läßt uns in das Herz eines bedrückten, aber tieffrommen Menschen blicken:

> "... meine Frau (ist) schwer krank an einer unheilbaren Krankheit; nach menschlichem Ermessen wird der Herr sie bald zu sich nehmen... Wenn erst alles überstanden ist, wird mir der himmlische Vater auch wieder die nötige Ruhe meines Herzens wieder geben, der ich so sehr bedarf. "

Friedrich Albert Daniel Mehmel starb acht Tage nach dem Tode seiner Frau am 4. Juli 1888. Sein Sohn Paul, der die Werkstatt übernahm, überlebte den Vater nur um sechs Jahre.

---

96) freundl. Mitteilung von Dr. R. Jaehn, Eutin.

Er verstarb am 21. Juli 1894 "nach längerem Leiden". Die Werkstatt ging auf unerklärliche Weise in gänzlich unberufene Hande über und erlosch.

Friedrich A. Mehmel folgte in seinem Dispositions und seinem Intonationsstil, vor allem im letzteren, seinem Vorbild Friedrich Ladegast in Weißenfels und gab seinen Instrumenten dadurch einen anderen Klang, als ihn Orgeln in Vorpommern bisher hatten.

> "Bei dieser Gelegenheit wäre es aber sehr zweckmäßig und erwünscht, den Ton der Orgel in allen Registern umzugestalten und nach den jetzigen Fortschritten der Intonation zu verbessern und zu charakterisieren... Es spricht nämlich weder das volle Werk, noch die einzelnen Register zu Gemüt, es klingt hart, leer und farblos."

liest man in einem Umbauvorschlag von seiner Hand.

> "Das Oboe und die Hohlflöte... sind in Bezug auf Klangfarbe so vorzüglich ausgefallen, wie ich es in meiner langjährigen Praxis noch nicht angetroffen habe."
> "... Man suche einen Orgelbauer zu finden, der die seltenen Kunst versteht, jedem Register einen solche Klangfarbe zu geben, daß es sich von allen anderen unterscheidet. Mehmel-Stralsund war seinerzeit darin ein Meister... Als ich einmal in Wismar zu predigen hatte und die Orgel begann, wurde ich sofort gefesselt durch die Fülle der verschiedenen Klangfarben. Erstaunt fragte ich den mich begleitenden Superintendenten, wer diese Orgel gebaut habe, Es war Mehmel. Seinen Tod habe ich daher tief beklagt."[97]

4. 4. Die Orgel von Friedrich A. Mehmel

Die Orgel in der Jakobikirche zu Stralsund (10. 7.) sollte für F. A. Mehmel sein Lebenswerk krönen.

> "Ich habe es mir zum Ziel gesetzt meiner Heimatstadt ein Orgelwerk zu liefern, welches den Orgelwerken größerer Städte ebenbürtig zur Seite gestellt werden kann. - Ich muß es im vollen Bewußtsein meiner Arbeit aussprechen, daß die Orgel für St. Jakobi sich neben die ersten in Deutschland stellen darf und fürchte ich mich nicht, daß sie in dieser Hinsicht in keinem Punkte zurückstehen und der strengsten Beurtheilung die Spitze bieten werde."[98]

Ausführlichere Erläuterungen werden hier entfallen dürfen, doch sei auf sie verwiesen.[99]

Dem Orgelspieler fällt auf, daß von dem Revisor Otto Wangemann[100] in

97) Walther, Wilhelm: Lebenserinnerungen aus 50 Jahren, Schwerin 1922. Die anderen Urteile aus diversen Gutachten.

98) s. a. Prost 3

99) s.a. Prost 3

100) (siehe auch Umseite) Otto Wangemann, 18481911, geboren in Loitz, Ausbildung in

seinem Abnahmebericht vom 7. 11. 1877[101] 21 Register als "schöne Solostimme" charakterisiert werden, ein ganz ungewöhnlich hoher Anteil. Das Gutachten schließt:

> "... Die Intonation des gesamten Pfeifenwerks war vorzüglich, die Klangfarben wohlgelungen, so daß kein Orgelwerk bessere Schönheiten aufzuweisen hat. Die Kunst des p. Mehmel zeigte sich hier im glänzendsten Licht. Material und Arbeit kan jeder so gut liefern, so intonieren nicht. "
>
> Es ist mir der kurzen Zeit wegen unmöglich, über den künstlerischen Werth dieses Werkes mein Urteil so zu formulieren, wie es diese Orgel verdient, die Eindrücke, die ich durch dasselbe empfinge, in Worte zu fassen. An Wohllaut und Reichthum der Klangfarben und Intonation gehört diese Orgel zum Schönsten, was ich bisher kennen lernte. Sie hat in den Labialstimmen neben mannigfachster Charakterverschiedenheit einen weichen, anschmiegenden Grundcharakter, mir äußerst sympathisch. Die Rohrwerke stehen zu diesen Registern in schönstem Einklang. Durch Vermischung beider Stimmkategorien bietet sich ein unerschöpflicher Reichtum ergreifend schöner Klangfarben. Die Starrheit des Orgeltones alter Werke ist gebrochen, der Orgel dagegen eine orchestrale Seite - eine Richtung der Neuzeit - in glücklichster Weise gelungen. Nichts desto weniger entwickelt das volle Werk eine Klangfülle, welche der Kirche durchaus angemessen ist... Es gereicht mir danach zur aufrichtigen Freude, bezeugen zu können, daß obige Orgel zu den schönsten Kunstwerken in Deutschland zählt... "

Der Verf. bezweifelt nicht, daß Wangemann mit diesem Urteil völlig im Recht war. Mit gleichem Recht aber wird man die Gegenfrage stellen: warum ist die Mehmel-Orgel in St. Jakobi-Stralsund denn nun nicht wirklich im Bewußtsein wenigstens der Orgelspieler und -kenner so bekannt und berühmt geworden, wie man es hätte eigentlich erwarten dürfen?

Die Antwort liegt in der musikgeschichtlichen Situation des Orgelspieles Ende des 19. Jahrhunderts. Sie wird deutlich in einer weiteren Frage: für welche Orgelkompositionen hat Mehmel sein Instrument eigentlich konzipiert? Welche Orgelmusik konnte auf ihm klangtypisch musiziert werden? Man muß es aussprechen: die Werke Johann Sebastian Bachs waren es nicht, und die Dietrich Buxtehudes erst recht nicht, die Mendelssohns auch nicht. Vorbild Mehmels war Ladegast in Weißenfels gewesen, dieser Meister nun wiederum sah sein Vorbild in dem franzosischen Orgelbaumeister Aristide Cavaillé-Coll (1811 - 1899).[102] Von dieser Stilrichtung ist Mehmels Orgel in St. Jakobi geprägt worden.

Stettin und Berlin Gymnasiallehrer und Organist in Treptow/Toll, dann in Demmin. Organist in Berlin Vorspieler Kaiser Friedrichs III. in der Schloßkapelle Charlottenburg, Königlicher Professor, Ehrenmitglied des freien deutschen Hochstiftes Frankfurt/M. und Ehrenmitglied der Akademie in London. (Zeitungsmeldung, fotokopiert beim Verf, Herkunft unbekannt).

101) s. a. Prost 3

102) Zu Cavaillé-Coll vgl. Schweitzer, Albert: "Deutsche und französische Orgelbaukunst uind Orgelkunst, Leipzig 1906

"... in Beziehung auf die beiden genannten wie die übrigen Rohrwerke der Orgel muß ich es als sehr wünschenswert bezeichnen, daß dieselben nach englischen und französischen Mustern gefertigt, und namentlich für die aufschlagende Rohwerke die des ersten Orgelbaumeisters in Frankreich, Cavaillé-Coll, zum Vorbild genommen werden... ",

heißt es in einer Stellungnahme des Orgelsachverständigen Kohrt.

4. 4. 1. Die Bestimmung dieser Orgel

Es wäre also die Orgelmusik eines César Franck und die symphonische Orgelmusik der damaligen französischen Orgelkunst, die für dieses Instrument typische gewesen, nur: wer in Stralsund damals hatte sie je spielen können? Und wer die zeitgenössische deutsche von Liszt, Reubke, Rheinberger? Die Organisten an St. Jakobi wären mit solcher Literatur gänzlich überfordert gewesen.

Wenn sich die Gemeinde nun aber eine Orgel von dieser Größe bauen ließ und man nicht unterstellen möchte, daß dabei Repräsentationsgründe, möglicherweise vor allem St. Nikolai gegenüber, eine Rolle gespielt haben, wird die Frage nach der Veranlassung dazu nur umso deutlicher. Die Orgel wird weniger zum Spiel von Literatur als zum improvisatorischen Spiel, zum "freien Fantasieren" bestimmt gewesen sein.

"Am Sonntag Nachmittag führte der Orgelrevisor Herr Wangemann aus Treptow a. T. den Musikfreunden unsrer Stadt die neue Orgel der St Jacobikirche in einer Reihe größerer Tonstücke vor, nachdem am Vormittag die feierliche Weihe des Instrumentes erfolgt war und dasselbe sodann zum ersten Male den Gemeindegesang begleitet hatte.

- Wenn der Berichterstatter die Absicht des Künstlers richtig aufgefaßt, so bezweckte derselbe in den ersten Nummern die Einzelvorführung der Hauptstimmen, während er in den späteren das Gesamtwerk zur Anschauung bringen wollte. Bei j e n e n hatten die Zuhörer Gelegenheit, die Klarheit und den Vollklang der einzelnen Register zu erkennen, bei d i e s e n sich über die ungemeine Kraft und die glanzvolle Fülle des mächtigen Werkes zu erfreuen. Die äußerst zahlreiche Versammlung folgte den Vorträgen mit lebhaftestem Interesse und bewunderte sowohl die kunstfertige Hand des Spielers als das schöpferische Talent des Baumeisters, welcher nach dem allgemeinen Urtheil der Sachkenner und der Laien ein in jeder Beziehung treffliches Instrument und in demselben seinen Fähigkeiten ein vollwichtiges Zeugniß geschaffen hat, das den Namen M e h m e l einen ebenso rühmlichen Platz in der Geschichte des Gotteshauses St. Jacobi sichern wird, als er den Meistern Stellwagen und Buchholz in der unserer beiden anderen Stadtkirchen aufbewahrt ist. "[103]

---

103) Stralsundische Zeitung vom 29 Oktober 1877.

Aus dieser Pressemeldung gehen Einzelheiten des Programmes dieser als "Orgel-Concert" bezeichneten Veranstaltung leider nicht hervor. Daß sich im Kirchenarchiv St. Jakobi kein Programmdruck findet, kann nicht verwundern, wenn man im Schriftwechsel zuvor einen Vermerk von Pastor Sarnow auf das Angebot von Wangemann, ein Orgelkonzert zu geben, liest:

> "Da ein Kirchenkonzert gesetzlich nur zulässig ist, wenn die Einnahme wenigstens zum Theil für einen wohltätigen Zweck bestimmt ist, so wird davon abgesehen werden müssen; Ein Vorspiel aber von Seiten des Herrn Wangemann, nur um die Beschaffenheit des Instruments zuzeigen, wird sicher nicht verwehret sein. "

Der Verf. neigt zu der Ansicht, daß zumindest ein großer Teil der Vortragsfolge freie Fantasie war. Die These von der Bevorzugung des Orgelspiels in freier Fantasie und nicht im Literaturspiel wird gestützt durch die Akten von St. Jakobi Stralsund selbst, die u. a. die Aufgaben festhalten, die 1884 bei der neuen Vergabe der Organistenstelle den Bewerbern gestellt wurden;

> "1, eine gegebene Choralmelodie sofort harmonisieren
> 2, dieselbe mit Zwischenspielen versehen und transponieren
> 3, zu derselben ein freies Präludium machen (4stimm. Contrapunkt)
> 4, eine Fuge von J. S. Bach und anderer heute hervorragender Meister spielen
> 5, eine vorgelegte Motette mit einem Chor einüben. "[104]

Drei der vier Orgelaufgaben waren improvisatorisch, in freier Fantasie zu lösen!

Als Gutachter bei diesem Bewerbungsspiel war Otto Wangemann eingeladen. Er hatte bei seiner Zusage bemerkt:

> "... Die Orgel der St. Jakobikirche ist ergiebig u. groß und bedarf eines tüchtigen Organisten, falls die Gemeinde auch wirklich musikalisch erbaut werden soll. Und es ist eine anerkannte Tatsache, daß das Wort des Predigers desto mehr wirkt, wenn die Seele vorher durch die Musik empfänglich gemacht wird. Dies aber kann nur durch einen durchgebildeten Musiker geschehen. "[105]

Man gewinnt aus den Akten den Eindruck, daß an St. Jakobi damals die Organistenstelle (noch) hauptamtlich besetzt worden ist. Dazu Wangemann:

> "... das Organistenamt steht zu hoch, als daß es noch in diesen Zeiten eine weitere Versorgungsquelle für Elementarlehrer bilden dürfte. "[106]

---

104) Kirchenarchiv St. Jakobi, Tit. I, Fach 4, No. lOb.

105) Kirchenarchiv St. Jakobi, Tit. I, Fach 4, No. lOb.

106) Ein zweites Arbeitsverhältnis der Organisten als Lehrer muß sich in den Kirchenakten nicht niedergeschlagen haben.

Dieser Eindruck wird verstärkt durch den Protest des Rates der Stadt gegen die eigenmächtige Wahl des Organisten durch den Gemeindekirchenrat, obwohl dieses Wahlrecht dem Rat zustünde.

> "Abgesehen davon erscheint es uns wenigstens als zweifelhaft, ob im Sinne der Kirchengemeinde und Synodal-Ordnung die Organisten den niederen Kirchendienern zuzurechnen sind. "[107]

Über Wert oder Unwert des freien, nicht literaturgebundenen Orgelspieles gingen bereits damals die Urteile weit auseinander. Mendelssohns Kritik,

> "... ich habe mich recht in meiner Meinung bestärkt, daß es ein Unsinn sei, offentlich zu phantasieren. Ich werde es nicht wieder thun: es ist ein Mißbrauch und ein Unsinn zugleich"[108]

hat sich auf das Fantasieren im öffentlichen Konzert bezogen, doch trafen ähnliche Verdikte auch das entsprechende Spiel im Gottesdienst. Andererseits vergleicht es Palmer[109]

> "mit der Predigt, dem freien und eigenen Produkt des Predigers... und auch die Vorbereitung auf dasselbe als ein Analogon der Meditation des Predigers über sein Thema und dessen Vorbereitung. '

Unbestreitbar bleibt, daß es an St. Jakobi gefordert worden ist.

Unbestreitbar bleibt ferner zur Sachfrage, daß das aus dem Augenblick heraus Gespielte wesentlich zutreffender eine gerade gegebene Situation der Gemeinde oder in der Gemeinde aufnehmen kann, als ein Literaturspiel. Der Verf. denkt etwa an die immer wieder eintretende Situation, daß für den Gottesdienst ein Loblied vorgesehen ist, der Gottesdienst jedoch von tieftraurigen Menschen (nach einem Trauerfall) besucht wird. Da kann der Orgelspieler und n u r er, einzig improvisatorisch versuchen, deren Situation und das Gemeindelied behutsam zusammenzufassen, so schwer dies auch ist. Aus der Literatur heraus ginge das überhaupt nicht. Nur das improvisierte Orgelspiel ist in der Lage, aus einem "psychologischen Anknüpfungspunkt" (Dryander) heraus einen weiterführenden Beitrag zu leisten, und just darauf hat man in St. Jakobi allem Anschein nach erheblichen Wert gelegt.

Wenn Wangemann die Orgel als "ergiebig" bezeichnet, muß er genau diese Eignung der Orgel gemeint haben: sie muß der Disposition nach einen geradezu unerschöpflichen Klangreichtum besessen und diese dem Spieler anregend ange-

---

107) Kirchenarchiv St. Jakobi, Tit. II.

108) "Reisebriefe", zitiert nach Müller, bei Kümmerle.

109) Palmer, Christian. Praktischer Theologe in Tübingen, zitiert nach Kümmerle, Enzyklopädie.

boten haben, wie denn auch der Ruf des letzten Jakobi-Organisten Rudolf Looks eben als Improvisator bis in die Gegenwart hineingereicht hat.

4. 4. 2. Der Untergang der Orgel

Leider fanden die Schlußworte aus Wangemanns Abnahmebericht vom 7. November 1877 am wenigsten Verwirklichung:

> "So möge denn dies schöne Orgelwerk vor Unglück und unnützen Händen bewahrt bleiben und zur Erhöhung der gottesdienstlichen Feier noch recht oft beitragen: Dem Herrn zur Ehre, der Gemeinde zur Erbauung!"

Nach dem Bombenangriff auf Stralsund am 6. 0ktober 1944 mußte St. Jakobi zur Unterbringung der Habseligkeiten Betroffener zur Verfügung gestellt werden. In den letzten Kriegstagen sprengte ein Granattreffer die Kirchentüren auf, und bei der bald darauf einsetzenden Plünderung haben gewissenlose Elemente nicht nur dieses Hab und Gut, sondern gleich auch die Innenausstattung der Kirche geraubt, u. a. auch die Orgel. Niemand hat diesem Raub Einhalt geboten.[110]

Noch 1951 sah der Verf. das Kircheninnere als Chaos und die Orgel total ausgeplündert. Der wunderbare Spielschrank, der in der Hoffnung, Kirche und Orgel würden einmal wieder aufgebaut werden, belassen worden war, ist erst 1988, eine Woche, bevor er ausgebaut werden sollte, total demoliert worden. Die letzte große Mehmel-Orgel, bis dahin völlig im Originalzustand vorhanden gewesen, wurde ein Opfer von Raffgier, Unverständnis und Verbrechertum, ohne daß die Kirche daran schuldlos wäre.[111] Stralsund als "Orgelstadt" wurde um ihren ureigensten Beitrag gebracht.[112]

---

110) mündlich überliefert.

111) Pfarrer und Küster waren flüchtig geworden. Von den benachbarten Kirchen wurde niemand geschickt, die Türen der Jakobikirche wieder zu schließen und zu vernageln. Hier zeitigte das unselige Konkurrenzdenken der Stralsunder Innenstadtgemeinden bzw. einiger ihrer Geistlichen die beklagenswertesten Folgen!

112) Die Jakobikirche ist nie mehr regelmäaßig gottesdienstlich genutzt worden. Jahrelang an VEB "Plakotex" und an das kulturhistorische Museum vermietet gewesen, ist sie dann gegen viele Proteste und Gegenvorschläge dem kirchlichen Bauhof als Lager und Werkstattraum überlassen worden.

5. Orgeln in der Johanneskirche

Das Johanneskloster, die bedeutendste Klosteranlage in der an Sakralbauten ohnehin reichen Stadt, hatte in seinem Mittelpunkt, einer ca. 77 m langen Kirche, mit großer Wahrscheinlichkeit schon in vorreformatorischer Zeit eine Orgel. Und sicherlich wurde die Orgel auch nach Einführung der Reformation weiter gespielt, wurde doch im Kirchenraum weiterhin Gottesdienst gehalten, nunmehr für die Insassen der nach dem Auszug der Mönche dort untergebrachten Alten und Ortsarmen. Bei einem großen Brand am 24. 12. 1624, dem die Anlage mitsamt der Kirche weitgehend zum Opfer fiel, wurde auch die mutmaßliche Orgel zerstört. Von dem Kirchengebäude wurde nur der Hohe Chor wieder aufgebaut und als "Kleine Johanneskirche" am 24. 12. 1651 wieder in Dienst genommen. [110]

5. 1. Die Orgel von Friedrich Stellwagen

Recht bald nach der Fertigstellung dieser Chorraumkirche muß man den Auftrag zum Bau einer neuen Orgel erteilt haben, denn bereits am 2. Juli 1653 verzeichnen die Akten von St. Jakobi:

> "... und da nunnehro H. Stellwagen mit der Orgell in St. Johannes auf kurze Zeit fertig..."[111]

Über Art und Größe des Instrumentes geben uns erst spätere Wiederherstellungsvorschläge des Orgelbauers Christian Kindten aus dem Jahr 1792 Auskunft. Die Disposition ist auch in der "Dresdener Handschrift" und bei Niedt/Mattheson überliefert, wenngleich auch nicht in völliger Übereinstimmung mit den Angaben Kindtens. (10. 8.)

Es war nur eine kleine Orgel, doch muß uns die mehrmalige Bemerkung stutzig machen, daß die Prospektpfeifen "auswendig versilbert" gewesen seien. Nicht nur der erhebliche Aufwand (für eine Orgel im Armenhaus!) verblüfft, sondern das Verfahren überhaupt. Können und sollten wir daraus auch auf eine originale Versilberung der Prospektpfeifen bei der anderen Stellwagen-Orgel in der Stadt, bei der in St. Marien, schließen?

---

110) Ewe, Herbert, in: Greifswald-Stralsunder Jahrbuch, Bd. 8, s. 121, Weimar 1969.

111) Kirchenarchiv St. Jakobi, Tit. A, No. la.

5. 2. Christian Kindten

Christian Erdmann Kindten war der erste und zugleich ein sehr bedeutsamer Orgelbauer in Stralsund, der hier auch Werkstatt und Wohnsitz hatte. Er war am 26. Juni 1752 in Schlemmin bei Richtenberg geboren[112] und hatte in Stralsund das Tischlerhandwerk gelernt. Nach kurzem Aufenthalt in Rostock hatte er in Kopenhagen gearbeitet und dabei in einer Sonntagsschule "bei einem Professor der Baukunst und Zeichenkunde" sich weitergebildet.

> "Nun wollte die Vorsehung noch weiter von meinem Vaterland mich entfernen, und führte mich zu Waßer nach St. Petersburg. Mit vieler Mühe erwarb ich mir Brod hier und Kredit. Sodann ging ich bei einem vollkommenen Orgelbauer in Dienst, und lernte fünf Jahre lang unter seiner lehrreichen Anweisung Orgeln zu bauen, und SeitenInstrumente zu verfertigen."

Nach seiner Rückkehr, als er Orgeln in Nehringen und in Richtenberg repariert hatte, wurde Kindten 1790 als Orgelbauer der Stadt angestellt. Er erwarb als "extreneus" das Stralsunder Bürgerrecht als Bürger 2. Grades am 21. 4. 1792.

> "Nachdem mich das Glück erreicht, von dem Hochwohlgebornen Rath der Stadt Stralsund, als Orgelbauer bey den Kirchen dieser Stadt angenommen zu seyn, und ich mich hieselbst bereits etablirt habe: so unterlasse ich nicht, allen meinen Gönnern, Freunden und Bekannten dieses anzuzeigen, und mich zugleich mit der Verfertigung von Clavierinstrumenten aller Art, als Claviere, Flügeln und Fortepianos, mit und ohne Flötenzüge, gehorsamst zu empfehlen.
> Christian Kindten, wohnhaft bey dem Herrn Hartwig in der Frankenstraße"[113]

Seine Werkstatt muß später sehr umfangreich gewesen sein. Wenn er Arbeiten an der Orgel in Sagard/Rg unterbricht, um aus Barth Zinn zu holen, das sein Kaufmann gerade per Schiff aus London gebracht habe, so läßt dies darauf schließen, daß er außer seiner Holzwerkstatt auch eine für Metallpfeifenherstellung mit ihren notwendigen Anlagen gehabt haben muß. Er baute Orgeln in Kreutzmannshagen (gegen das Gutachten von Musikdirektor Wagner bereits 1878 durch einen Mehmel-Bau ersetzt), Gingst/Rg, Sagard/Rg; eine Orgel in Tribsees kam durch seinen Tod nicht mehr zur Ausführung. Die eingangs in Rede stehende Orgel in St. Johannes Stralsund wurde 1865 durch einen Neubau (s. w. u.) ersetzt.

Die zitierten Angaben sind einem Gesuch an den Rat der Stadt entnommen, den Kindten einem Concipienten zur Niederschrift anvertraut hat. Wohl nur ein solcher konnte in dem für ein Gesuch damals wichtigen nahezu schmeichlerischen Stil schreiben. Eingangs heißt es darin:

---

112) s. a. Prost 2.

113) Inserat in der Stralsundischen Zeitung vom 25. 10. 1791.

"Zu den nützlichsten und wichtigsten ReligionsGebrauchen der Christlichen Kirche gehört ohne Zweifel wohl der Gebrauch der Orgel. Nicht nur ihre äussere Schönheit ist für die Kirche eine herrliche Pracht, sondern auch vorzüglich ihre erhabenen Töne leiten den Gesang der Gemeine in reiner Harmonie und bereiten ihre Herzen zur heiligen Andacht... "

Hier liegt ein eindeutiger Hinweis auf das Begleiten des Gemeindesingens durch die Orgel (in Stralsund) vor. Ein Hinweis von Kindten selbst zum Disponieren eines Zungenregisters auf dem 2. Manual der Orgel in Sagard zielt auf das gleiche ab.

5. 2. 1. Die Orgel in der Jakobikirche zu Gingst/Rg

Die kleine Orgel in St. Johannes-Stralsund gestaltete Kindten nach Vorschlägen von Musikdirektor Escherich neu, die in Gingst entwarf er wohl selbst. Nur noch an ihr können wir heute Kindtens Klangvorstellungen nacherleben, es ist eine der schönsten, für das ausgehende 18. Jahrhundert am meisten chrakteristischen Orgeln im Ostseeraum. Besonders fällt der dem schwedischen Orgelklang verwandte weiche, vokale Gesamtklang auf sowie eine wunderbare, letztlich unbeschreibbare Klangwelt der Flötenstimmen: Rohrflöte 8' ganz polyphon, Gedackt 8' ganz homophon in ihrer Hörsamkeit. Ernst Karl Rößler nahm die Kindten-Orgel zu Gingst zum Ausgangspunkt seiner Begriffe "Raumlinienstärke", "Harmoniestärke" und seiner Orgelklangtheorien überhaupt. [114]

5. 2. 2. Johann Gottlieb Picht / Ludwig Gotthard Kosegarten

"Jehova zum Preise
ward dieses durch
Herrn Christian Kindten
neu erbaute Orgel=Werk geweyhet
am 10ten Sonntage n Trinit: 1790
von Johann Gottlieb Picht.
p u. Pr: Gingst"

lautet die Inschrift auf der Notenablage der Orgel, wahrscheinlich ein Text vom Präpositus Picht selbst. Seine ersten Worte, "Jehova zum Preise", machen die Zielstellung dieses Orgelbaues deutlich. Sie steht in diametralem Gegensatz zur Begründung von Pastor Ludwig Gotthard Kosegarten, die er für den Ankauf einer Orgel für die Kirche in Altenkirchen/Rg gab. (Sie kann hier nur aus dem Gedächtnis

114) Rößler, Ernst Karl: Klangfunktion und Registrierung, Kassel 1962.

zitiert werden, da das einst tadellos geordnete, umfangreiche Pfarrarchiv dort vor einigen Jahren in verworrenem Zustand hinterlassen wurde und z. Zt. kaum benutzbar ist.) Kosegarten wollte eine Orgel anschaffen "um der Bildung des gemeinen Mannes willen" und ließ eine Orgel von Ernst Marx, die in der "Ermelerschen Kattunfabrique" in Berlin stand, von Christian Kindten nach Altenkirchen schaffen und dort aufstellen.

"Jehova zum Preise" und "um der Bildung des gemeinen Mannes willen", - obwohl beide Geistlichen Vertreter der Aufklärung waren, scheint doch eine Welt zwischen diesen Aussagen zu liegen. Vom Wirken beider Geistlichen her möchte dem Verf. scheinen, daß die Inschrift von Picht eher zu Kosegarten, und dessen Worte eher zu Picht passen würden, war doch Picht besonders hervorgetreten, als er, der "grundherrliche Rechte auf seinem Kirchenbesitz hatte", bereits 1774, also fast dreißig Jahre vor Ernst Moritz Arndt's Schrift[115] seine sämtlichen Untertanen von der Leibeigenschaft befreite,[116] ihm also "der gemeine Mann" und sein Ergehen ganz besonders nahelagen.

Der zitierte Anfang des Gesuches von Orgelbauer Kindten zeigt das Selbstverständnis des Meisters für sein Tun: Orgeln zum Begleiten des Gemeindegesanges zu bauen und zum Bereiten ihrer Herzen zur heiligen Andacht, und diesem zuwendendem Wollen entsprechen die Kindten-Orgeln in ihrem behutsamen, weichen Klang bis heute.

Christian Erdmann Kindten verstarb am 14. November 1803. Als Todesursache wurden "innere Geschwüre und Entkräftungen" angegeben.[117] Seine nur dreijährige Ehe war kinderlos geblieben.

5. 3. Die Orgel von F. A. Mehmel / Orgelbauer Nerlich und Haase

Die von Kindten neugestaltete ehemalige Stellwagen-Orgel in der Johanneskirche zu Stralsund wurde, nachdem sie noch von den Stralsunder Orgelbauern Nerlich und Haase nach erheblichen Beschädigungen in der "Franzosenzeit" generalüberholt worden war, 1864/65 durch einen Neubau von F. A. Mehmel (4. 3.) ersetzt.

Der Orgelbauer Johann Friedrich Nerlich hatte, aus Musterwiek bei Gr. Glogau kommend, 1854 das Stralsunder Bürgerrecht erworben. Mehrere Orgeln im Umkreis von Stralsund zeugen von seinem guten Können. Er verstarb 1856.[118] Der Orgelbauer Haase scheint mit Nerlich zusammengearbeitet zu haben. Als er

115) Arndt, Ernst Moritz: Versuch einer Geschichte der Leibeigenschaft, 1803

116) Heyden, Hellmuth: Kirchengeschichte, Köln 1957.

117) Stadtarchiv Stralsund, Karteien.

118) Stadtarchiv Stralsund, Karteien.

"wegen Verbreitung aufrührerischer Plakate" 1849 zu gerichtlicher Verantwortung gezogen werden sollte,[119] ging er damit ein wenig in die Stralsunder Stadtgeschichte ein.

Mehmels Orgel in der Johanneskirche, am l. Pfingsttag 1865 eingeweiht, war von dem Organisten der Marienkirche, C. Kohrt, disponiert worden. Kohrt war als Orgelsachverständiger eingesetzt worden, nachdem er sich 1841 einer regelrechten Prüfung durch den Orgelbauer C. A. Buchholz hatte unterziehen müssen und folgendes Zeugnis erhalten hatte:[120]

> "Dem Lehrer und Organisten Herrn Kohrt bezeuge ich hiermit auf sein Verlangen der Wahrheit gemäß, daß derselbe die von einem guten Organisten zu verlangenden Kenntnisse von der Structur der Orgel besitzt, und im Stande ist für die Instandhaltung eines großen Orgelwerks so wie für die Stimmung der Rohrwerke zu sorgen, wovon ich mich bei der gestern in der hiesigen Sct:MarienKirche vorgenommenen Prüfung überzeugt habe. Stralsund 14. Juni 1841. C:A:Buchholz, Orgelbauer"

Es wäre interessant, könnte man heute den Klang dieser Orgel mit dem der nur wenig kleineren Buchholz-Orgel in der Heilgeistkirche vergleichen. Trotz ähnlicher Disposition und Größe würden sicher "Welten" zwischen ihnen hörbar werden. Beide Orgeln sind jedoch heute original nicht mehr vorhanden, die Mehmel-Orgel in St. Johannes wurde beim Bombenangriff auf Stralsund am 6. Oktober 1944 total zerstört.

---

119) Stadtarchiv Stralsund, Karteien.

120) Stadtarchiv Stralsund, Karteien.

6. Orgeln in der Hospitalkirche "Zum Heiligen Geist"

6. 1. Frühe Orgeln

Erste Erwähnung, wenn auch nicht direkt einer Orgel, sondern eines Organisten, bringt ein Testament aus dem Jahr 1458. [124]

> "Hinrich Slichtink bestimmt letztwillig den Armen im Heiligengeisthospital 5 rheinische Gulden, jedem Priester 1 rheinischen Gulden, dem Organisten 8 Schilling und Suleken 1 Mark. "

Wo ein Organist war, muß es auch eine Orgel gegeben haben.

Heyden[125] erwähnt ohne Quellenangabe eine zerstörte Orgel aus dem Mittelalter; Einzelheiten sind nicht überliefert. Ebenfalls leider ohne Quellenangabe bringt ein Aufsatz in der "Sundine"[126] dennoch sehr Bemerkenswertes:

> "Mit einer Orgel war sie in früheren Zeiten versorgt, allein, bei der schweren Belagerung im Jahr 1678 war diese, mit einem Theil der Kirche, durch hineingeworfene Bomben beschädigt; im Jahr 1702 fand sie zwar ihre Wiederherstellung und war darauf dreizehn Jahre lang in Gebrauch. Die Belagerung 1715 aber brachte ihr den völligen Untergang..."

Ein Angebot des Orgelbauers Christian Gottlieb Richter wurde vom Senat 1739 abgelehnt, um die Klosterkasse nicht mit neuen Schulden zu belasten.

6. 2. Die Orgel von C. A. Buchholz

Erst 1829 hatte die Heilgeistkirche wieder eine Orgel (10. 10.), erbaut von Carl August Buchholz (2. 8.). Leider haben spätere Generationen von Orgelspielern und Orgelbauern dies sicherlich sehr schöne Instrument nicht zu würdigen gewußt. Es wurde so oft und zudem meist so sehr schlecht umgestaltet, daß es nach 120 Jahren total verdorben war. Als die Orgel zudem unter Bauschäden zu leiden gehabt hatte, blieb nichts anderes übrig, als der Orgel eine völlig neue Disposition zu geben, in die das noch verwendbare Pfeifwerk von Buchholz eingearbeitet wurde. Die Umgestaltungsarbeiten führte die Orgelbauanstalt A. Schuke-Potsdam (3. 3. 7.) aus.

---

124) Stadtarchiv Stralsund, Karteien.

125) Heyden, Hellmuth: Die Kirchen Stralsunds und ihre Geschichte, Berlin 1961, S. 185.

126) "Sundine" 1829.

Bei dem Entwurf der Disposition (10. 11.) war es neben den Erfordernissen des liturgischen Orgelspiels im heutigen Gottesdienst besonders der Wunsch, die durch die "Orgelbewegung" zum Spielbereich des Organisten heute zählende barocke und in Grenzen auch die Gegenwarts-Literatur darstellen zu können. Diesem Anliegen kann die Orgel mit dieser Disposition erfreulich gerecht werden.

7. Orgeln in der Lutherkirche

Die Lutherkirche, 1937 erbaut, durfte zunächst nur "Lutherhaus" genannt werden.

"Die Orgel ist bei Auflösung der Loge in der Langenstraße aufgekauft worden. [127]

In der Langenstraße residierten im Haus Nr. 70 zwei Logen: die Andreas-Loge "Quatuor Elementia G. L. L." und die Johannes-Loge "Gustav Adolf zu den drei Sternen Gr. L. L.". Vermutlich aus der letztgenannten, die länger als die erste bestanden hat[128], wird die Orgel gestammt haben. Es war ein zweimanualiges Instrument mit Pedal von nur 6 Registern, pneumatisch, wahrscheinlich eine Laukhuff-Zulieferung, Erbauungsjahr unbekannt. (10. 12.)

Zwei Dinge sind sehr kritisch anzumerken:

1. Der Gemeindekirchenrat von St. Marien, dem die Gemeinde in der Tribseer Vorstadt als 3. Pfarrbezirk zugeordnet worden war, nutzte die von der NSDAP angeordnete Zwangsschließung der Logen kommerziell aus.

2. Der Gemeindekirchenrat hat nicht im geringsten bedacht, daß der Klang einer Logen-Orgel (allein vier 8'Register) niemals dem Wesen eines evangelischen Gottesdienstes entsprechen konnte. Erneuerung der Agende, verändertes theologisches Denken, Anregungen aus der "Orgelbewegung" waren an dem Gemeindekirchenrat von St. Marien und allem Anschein nach auch an den Pastoren vorbeigegangen.

Die Übernahme der genannten Orgel aus einer Loge in kirchliche Nutzung bleibt ein Schandfleck in der Orgelbaugeschichte Stralsunds.

Seit 1971 steht an Stelle dieser Orgel ein Neubau (10. 13.) von der Orgelbauanstalt W. Sauer, Frankfurt/Oder, op. 1958 (8. 3.).

---

127) Lutherkirche, Aktenvermerk.

128) Stadtarchiv Stralsund, Generalkartei.

8. Orgeln in der kath. Kirche "Heilige Dreifaltigkeit"

Erst am 6. November 1775 erhielt die katholische Gemeinde in Stralsund vom König in Schweden wieder Niederlassungsgenehmigung und Gottesdiensterlaubnis. 1785 wurde das Gotteshaus in der Frankenstraße eingeweiht, hatte aber fünfundzwanzig Jahre hindurch noch keine Orgel.

8. 1. Erste Positive

Erst 1809 konnte vom Küster-Kantor in Patzig/Rg ein altes Positiv erworben werden, das sich jedoch als sehr schwach erwies. Schon 1810 wurde ein zweites Positiv von der Gräfin Behr-Negendank angekauft, das 1812 vom Instrumentenmacher Witt mit dem älteren zusammengekoppelt wurde. 1831 versagte dies Instrument seinen Dienst.

Die frühe Anschaffung eines wenn auch kleinen Instrumentes ist wohl weniger auf ein Bedürfnis der Gemeinde, als auf den Wunsch der Pfarrer zurückzuführen, die, aus dem süddeutschen oder rheinischen Raum kommend, sicherlich den Orgelklang bei den Messen nicht missen mochten. Nach einer Sammlung milder Gaben für eine neue Orgel, zu der u. a. der König von Bayern, die Prinzessin Auguste von Sachsen, Fürst-Bischof Schimanski und Erzbischof Ladislaus von Pyrker (Ungarn) beisteuerten, konnte 1834 eine Orgel von C. A. Buchholz-Berlin angeschafft werden. Über sie, wie über die vorigen Instrumente, sind Einzelheiten nicht mehr bekannt, nur der Preis: 600 Reichsthaler. Das Instrument kann demnach nicht groß gewesen sein.[129]

Nach der Erweiterung der Kirche (Wiedereinweihung 1905) fand eine Grüneberg-Orgel von 14 klingenden Stimmen auf der Empore gegenüber dem Altarraum Aufstellung (10. 14.).

8. 2. Die Orgelbauanstalt B. GrünebergStettin

Die Grüneberg-Orgel in der katholischen Kirche gibt Gelegenheit, auch die bedeutendste Orgelbauanstalt Pommerns, die Werkstatt Grünebergs in Stettin, in die Stralsunder Orgelbaugeschichte einzubeziehen.[130]

---

129) Pfarrarchiv der kath. Gemeinde Stralsund, "Orgel".

130) s. a. Prost 6.

In ihrem Selbstverständnis,[128] veröffentlicht wie auch dem Verf. persönlich mitgeteilt, stellt sich die Herkunft der Orgelbauerfamilie wie folgt dar:

Philipp Wilhelm Grüneberg, geboren 1710 in Magdeburg, gestorben 1777 in Magdeburg.

Georg Friedrich Grüneberg, geboren 13. 12. 1752 in Magdeburg, gestorben 22. 10. 1827 in Stettin.

August Wilhelm Grüneberg, geb. 30. 9. 1787 in Stettin, gestorben 15. 2. 1837 in Stettin.

Karl Barnim Theodor Grüneberg, geb. 27. 12. 1828 in Stettin, gestorben 22. 8. 1907 in Stettin.

Felix Johannes Grüneberg, geboren 8. 3. 1876 in Stettin, gestorben 15. 11. 1945 in Watenstedt-Salzgitter.

Barnim Grüneberg, geboren 13. 4. 1914 in Stettin-Finkenwalde, gestorben 24. 5. 1963 in München.

> "Georg Friedrich Grüneberg (1752 - 1827) kam zu Anfang des Jahres 1782 aus Magdeburg nach Stettin, wohin ihn Friedrich der Große zum Bau einer Orgel entsandt hatte. Der Überlieferung nach soll er durch einen Ring des Königs eingeführt und sehr gut in Stettin aufgenommen worden sein. "

Karl Barnim Grüneberg (1828 - 1907) wurde d e r Namensträger des Hauses, mit dessen Wirken sich der Begriff "Grüneberg-Orgel" am deutlichsten verbindet. Er hatte bei Carl August Buchholz in Berlin (2. 8.) 1843 - 1847 gelernt und danach in Orgelbauwerkstätten in Süddeutschland, in der Schweiz, Frankreich und England gearbeitet, ehe er 1854 den Betrieb, der durch den frühen Tod seines Vaters hatte eine Zeitlang ruhen müssen, unter dem Namen "B. Grüneberg-Stettin" neu gründete. Trotz der erkennbaren Weitläufigkeit seiner Ausbildung schloß er sich jedoch keiner ausländischen Orgelbautradition an.

Von dieser Orgelbauanstalt wurden die meisten Orgeln im damaligen Hinterpommern, und nach Erlöschen der Mehmelschen Werkstatt in Stralsund auch in Vorpommern gebaut. Unter den Orgelbauten im Ausland nimmt die Orgel in der Dreifaltigkeitskirche (Dom) zu Libau/Kurland (Liepaja), gebaut 1885, als bis heute größte rein mechanische Orgel der Welt eine herausragende Stellung ein. [129] Das Instrument hat 131 klingende Stimmen auf mechanischer Schleiflade.

1906 siedelte die Werkstätte, bislang in der Stettiner Innenstadt beheimatet, in ein großes eigenes Firmengelände nach Stettin-Finkenwalde um, wo sie sich

128) s. a. Prost 6.
129) s. a. Prost 6

ausgezeichnete Arbeitsmöglichkeiten für die weitverzweigten Arbeitsbereiche geschaffen hatte. Die Betriebsgröße betrug damals 65 Mann, wovon 12 einzig im Reisedienst der Orgelpflegeverträge tätig waren. Es war eine der großen Orgelbauanstalten Deutschlands, ohne jedoch völlig in industriemäßige "Herstellung" der Instrumente abzugleiten.

Felix Grüneberg (1876 - 1945) mußte den Niedergang des Betriebes durch staatliche Eingriffe im l. Weltkrieg und durch die Wirtschaftskrise danach erleben und, nach mühsamem Wiederaufbau bis zum Kriegsausbruch 1939, das Ende im Jahr 1945. Er starb auf der Suche nach einer neuen Existenz.

Mit dem Namen "Stettin-Finkenwalde" verbinden theologisch Interessierte sofort das Predigerseminar der Bekennenden Kirche unter Leitung von Dietrich Bonhoeffer. Für irgendeine Verbindung zwischen diesem Seminar und der Orgelbauerei am gleichen Ort gibt es jedoch keinerlei Beleg, auch keine Erinnerungen.[133] Falls die Verbindung unterblieb, weil Felix Grüneberg Mitglied der NSDAP war und Bonhoeffer ihm deswegen nicht begegnen wollte, tat dieser dem Orgelbauer damit Unrecht. Felix Grüneberg war ein bewußter Christ, und trotz seiner Parteizugehörigkeit beschäftigte er in seinem Betrieb jüdische Mitarbeiter, sie auf abgelegenen Dörfern dem Zugriff der Gestapo entziehend. "Meister Grüneberg verdanke ich mein Leben", hat einer von ihnen, der Klavierstimmer Bauchwitz, 1948 dem Verf. gegenüber mehrfach geäußert. Felix Grüneberg sei dies unvergessen!

Barnim Grüneberg der Jüngere (1914 - 1963) hat Ungeheures geleistet beim Wiederaufbau zerstörter Orgeln 1947 bis 1961. Dem Aufbau eines wirklich leistungsfähigen Betriebes stellten sich jedoch unüberwindliche Schwierigkeiten der damaligen DDR-Wirtschaft entgegen. Er verließ die Heimat 1961 und verstarb 1963 an den Folgen einer unheilbaren Krankheit, die er sich bei der aufopferungsvollen Arbeit an Orgeln Vorpommerns zugezogen hatte.

"Grüneberg-Orgeln" waren zunächst Instrumente, die aus der Tradition der Buchholz-Orgeln erwachsen waren, also "Orgeln der religiösen Welt Schleiermachers". Erst spät wandte sich die Stettiner Orgelbauanstalt dem Ideal einer "symphonischen Orgel" zu, nach Anforderungen und Anregungen aus dem theologisch-kirchlichen Raum also rein musikalischen Strömungen (1892 Orgel in der Neustrelitzer Stadtkirche). Die "Orgelbewegung" fand etwa ab 1929/30 zögernden Einfluß auf die Stettiner Orgelbauanstalt, bis diese sich ihren Zielen seit 1937 voll zuwendete. Barnim Grüneberg d. J. erarbeitete sich einen unverwechselbaren

---

133) Bethge, Eberhard: Dietrich Bonhoeffer, München 1967, und persönliches Gespräch des Verfassers mit Altbischof D. Schönherr

eigenen, sehr farbenreichen Klangstil, den er immer wieder beim Aufbau zerstörter Instrumente diesen zugute kommen ließ.

Orgelbaumeister Felix Grüneberg war mehrfach auf Drängen des Rates der Stadt Stralsund zu Beurteilungen der Orgeln in den drei Stralsunder Hauptkirchen zu Rate gezogen worden. Dabei hat er sich dem Mehmel-Sohn Paul gegenüber freundlich-kollegial verhalten und die Orgel von Mehmel-Vater in St. Jakobi voll gewürdigt. Wegen kleinlichen Verhaltens der Gemeindekirchenräte in finanziellen Fragen kam es jedoch nie zu dem Abschluß eines Orgelpflegevertrages mit dem Stettiner Betrieb. Felix Grüneberg kehrte daraufhin den Stralsundern demonstrativ den Rücken.

Die Orgel in der katholischen Dreifaltigkeitskirche gehörte zu den Instrumenten der mittleren Bauperiode der Stettiner Werkstatt. Der Verf. hat sie nicht mehr spielfähig erlebt und kann sie darum nicht beurteilen.

8. 3. Die Orgelbauanstalt W. Sauer Frankfurt/Oder

Nach der völligen Um- und Neugestaltung des Kircheninneren erbaute der VEB Frankfurter Orgelbau "SAUER" 1974 eine neue Orgel, die im ehemaligen Altarraum Aufstellung fand. Mit diesem Instrument (10. 15.) hielt auch die renommierte Frankfurter Orgelbauanstalt Einzug in die Kirchen Stralsunds.

1857 von Wilhelm Sauer gegründet, war diese Orgelbauanstalt eine der führenden Firmen Deutschlands und namentlich durch den Bau sehr großer Großraum-Orgeln berühmt geworden,[134] (Dom in Berlin, Jahrhunderthalle in Breslau, Dom in Bremen, Thomaskirche in Leipzig). Durch Zusammenarbeit mit Hans Henny Jahnn und Ernst Karl Rößler war sie frühzeitig mit der "Orgelbewegung" vertraut geworden, der sie sich nach dem Wiederaufbau der stark zerstörten Werkstatt 1945 voll verschrieb. In Vorpommern geben auch die von Rößler mensurierten Orgeln in Züssow davon beredt Zeugnis.

Die Orgel in der katholischen Dreifaltigkeitskirche ist ein besonders an Klangfarben reiches Instrument, das schon eine herausragende Note innerhalb der Stralsunder Orgeln aufweist. Es wurde großer Wert darauf gelegt, daß ihr Klang große Ruhe und Schönheit ausstrahlt und dadurch den Teilnehmern der Messen schon von sich aus ein Gegengewicht zum oft tristen Alltag beschert.

---

134) Firmenkatalog. SauerFrankfurt/Oder.

9. Nachwort

Der Verf. hat versucht, aus der Fülle seiner vielschichtigen Aufgaben und aus den daraus resultierenden Erfahrungen und womöglich Einsichten heraus einen Zusammenhang als Wechselbeziehungen zwischen dem praktisch-theologischen Dienst der Kirchen und dem künstlerischen Arbeiten der Orgelbauer aufzuzeigen.

Der Verf. war Kirchenmusiker an St. Marien-Stralsund und damit Organist an der Stellwagen-Orgel,

Orgelbaufachberater des Evangelischen Konsistoriums in Greifswald für die Landeskirche Vorpommern,

Mitarbeiter des Institutes für Denkmalpflege, Außenstelle Schwerin, als Vertrauensmann für Fragen historischer Musikinstrumente,

Konzertorganist in vielen Ländern Europas.

Der Verf. hatte einen Lehrauftrag an der Theologischen Fakultät der Ernst Moritz Arndt Universität in Greifswald für Hymnologie und angewandte Liturgik. Er betreibt die orgelhistorische Forschung seit 1965.

Der Verf. hat Deutungen möglichst mit zeitgenössischen Zeugnissen belegt. Die Verhältnisse in Stralsund gaben zu dem ganzen Thema einen umfassenden Rahmen.

Da Orgeln "gestaltete Instrumente" sind - in dieser Arbeit ist nur von ihrer klanglichen, kaum von ihrer architektonischen Gestalt die Rede gewesen - wurde dem Anlaß, warum sie so und nicht anders gestaltet wurden, nachgegangen. Es zeigte sich eine Wechselbeziehung zwischen künstlerischem und praktisch-theologischem Impetus.

1. Die frühen Orgeln (Positive), z. T. schon vorreformatorisch, waren einzig aus den instrumentalbaulichen Möglichkeiten und Begrenzungen entstanden und demnach nur begrenzt einsetzbar.

(2. 1. / 3. 1. / 4. 1. / 6. 1.)

2. Die Orgeln des Vor und Hochbarock boten mit ihren entwickelten Klanglichkeiten die Möglichkeiten zu sich verselbständigendem Einsatz.

(2. 2. / 2. 3. / 3. 2. / 3. 2. 1. / 3. 3. 1.)

3. Die Orgel der Frühromantik (St. Nikolai) könnte ihren Charakter dem Wunsch vorromantischer Religiosität verdankt haben.

(2. 7. / 2. 8. / 2. 9. / 2. 10.)

4. Die Orgel der Spätromantik (St. Jakobi) wurde reich angelegt durch das Verlangen, improvisatorisch direkt das gottesdienstliche Geschehen mitzugestalten. (4. 5.)

5. Die Orgel der "Orgelbewegung" (Umbau St. Nikolai 1935) ist rezeptiv geprägt durch Musikwissenschaft und Singbewegung und erst nachträglich in die liturgische Erneuerung integriert worden.

6. Die Orgelneubauten der Gegenwart (Lutherkirche, Katholische Kirche, Chororgel St. Nikolai) spiegeln zwar in ihren auf äußerste Sparsamkeit bedachten Begrenzungen die Lage der Kirchen wieder, sollen jedoch durch großen Farbenreichtum im Klang dem Bedürfnis nach Schönheit und innerer Ruhe (Gegensatz zum Alltag) nachkommen können.

Der Druck dieser Arbeit wurde möglich mit freundlicher Unterstützung aus dem Gottfried-Grote-Gedächtnis-Fonds, für die der Verfasser hiermit ausdrücklich dankt.

10. Orgeldispositionen

10.1. Disposition St.Nikolai Orgel von C.A.Buchholz

A. HauptManual (II)

1. Principal 16'
2. Quintatön 16'
3. Principal 8'
9. Gemshorn 8'
5. Rohrflöte 8'
6. Nasard 5 1/3'
7. Octave 4'
8. Spitzflöte 4'
9. Quinte 2 2/3'
10. Decima quinta 2'
11. Cornett 5fach ab g^0
   8' 4' 2 2/3' 2' 1 3/5'
12. Scharff 5fach
   1 1/3' 1' 4/5' 2/3' 1/2'
13. Cymbel 3fach
   1' 2/3' 1/2'
14. Progression harmonica
   2-5fach. 2 2/3' 2', endend
   auf 1 1/2' 1' 3/4' 1/2' 3/8'
15. Trompete 8'

B. OberManual (III)

16. Bourdon 16'
17. Principal 8'
18. Salicional 8'
19. Gedackt 8'
20. Octave 4'
21. Rohrflöte 4'
22. Gemshornquinte 2 2/3'
23. Superoctave 2'
24. Mixtur 4fach
   1 1/3' 1' 2/3' 1/2'
25. Progression harmonica
   2-5fach. 2 2/3' 2', endend
   auf 1 1/2' 1' 3/4' 1/2' 3/8'
26. Fagott 8'bzw. Hautbois 8',
   in Baß und Diskant geteilt

C. UnterManual (I)

28. Prestant 8'
29. Viola di Gamba 8'
30. Piffaro 8'
31. Gedackt 8'
32. Flauto traverso 8'
   Diskant überblasend
33. Octave 4'
34. Viole d'amour 4'
35. Nasard 2 2/3'
36. Rohrflöte 4'
37. Superoctave 2'
38. Mixtur 4fach
   2' 1' 1' 1/2'
39. Vox angelica 8'

D. Pedal

40. Violon 32'
41. Principal 16'
42. Violone 16'
43. Subbaß 16'
44. Nasard 10 2/3'
45. Principal 8'

Zwei Manualkoppeln
Eine Pedalkoppel
Ein Tremulant
Schweller für das Unterwerk
Tastenumfang C-g^3 in den Manualen,
Tastenumfang C-d^1 im Pedal
Mechanische Schleifladen

46. Violone 8’
47. Baßflöte 8’
48. Nasard 5 1/3’
49. Octave 4’
50. Baßflöte 4’
51. Mixtur 6fach
    2 2/3’ 2’ 1 1/3’ 2/3’ 1/2’
52. Posaune 32’
53. Posaune 16’
54. Trompete 8’
55. Clairon 4’

10.2. Disposition St.Nikolai Von Heintze erweiterte und umgestaltete Orgel

Hauptwerk (II)	Oberwerk (III)	Brustwerk (IV)
Prinzipal 16'	Bordun 16'	Nachthorn 8'
Quintatön 16'	Prinzipal 8'	Viola alta 8'
Prinzipal 8'	Rohrflöte 8'	Prinzipal 4'
Hohlflöte 8'	Salicet 8'	Salicet 4'
Gedackt 8'	Oktave 4'	Pommer 4'
Gemshorn 8'	Spitzflöte 4'	Rohrnasard 2 2/3'
Oktave 4'	Viola d'amore 4'	Koppelflöte 2'
Offenflöte 4'	Gemshornquinte 2 2/3'	Gemshornquinte 1 1/3'
Rohrflöte 4'	Waldflöte 2'	Septime 1 1/7'
Quinte 2 2/3'	Terz 1 3/5 "	Feldflöte 1'
Oktave 2'	Mixtur 4fach	Tertian 2fach
Cornett 3-5fach	Quintzimbel 3fach	Scharffzimbel 3fach
Mixtur 2-5fach	Dulzian 16'	Rankett 16'
Scharff 5fach	Krummhorn 8'	Regal 8'
Trompete 8'	Regal 4'	Tremulant
Zinke 4'	Tremulant	

Unterwerk (I)	Pedal	10 Normalkoppeln
		10 Druckknöpfe
Prinzipal 16'	Violon 32'	5 Tritte
Prinzipal 8'	Untersatz 32'	Jalousieschweller für Unterwerk
Gedackt 8'	Prinzipalbaß 16'	Rollschweller
Flaut amabile 8'	Violon 16'	3 freie Kombinationen
Nasard 5 1/3'	Subbaß 16'	Fahrbarer Spieltisch
Oktave 4'	Prinzipal 8'	Elektrische Spiel und
Querflöte 4'	Baßflöte 8'	Registeranlage
Blockflöte 4'	Baßgambe 8'	
Superoktave 2'	Nasard 5 1/3'	
Schweizerpfeife 2'	Oktavbaß 4'	
Quinte 1 1/3'	Grobgedeckt 4'	
Sifflöte 1'	Oktave 2'	
Terzzimbel 3fach	Nachthorn 1'	
Mixtur 4fach	Rauschpfeife 2fach	

Oboe 8'	Mixtur 6fach
Schalmei 4'	Posaune 16'
	Trompete 8'
	Feldtrompete 4'
	Singend Cornett 2'

10.3. Chororgel in St.Nikolai
VEB Potsdamer Schukeorgelbau

Rückpositiv (I)	Hauptwerk (II)	Pedal
Holzgedackt 8'	Quintadena 16'	Subbaß 16'
Prinzipal 4'	Prinzipal 8'	Oktavbaß 8'
Rohrflöte 4'	Koppelflöte 8'	Choralbaß 4'
Nasard 2 2/3'	Oktave 4'	Rauschpfeife 4fach
Gemshorn 2'	Spitzflöte 4'	Posaune 16'
Terz 1 3/5'	Oktave 2'	
Sifflöte 1'	Mixtur 4-6fach	
Scharff 3-5fach	Trompete 8'	
Krummhorn 8'		
Tremulant		

Koppeln I/II I/P II/P
Schleifladen mit mechanischer Traktur

10.4. Disposition St. Marien
(Orgel von Nikolaus Maaß)

*Im OberWerck sind 10.Stimmen	Im Pedal ll.Stimmen	Im Ruckpositiff ll.Stimmen
1. Principal 16.fuß	1. Untersatz 16.fuß	1. Principal
2. Quintadehna 16.fuß	2. Principal 8	2. Gedact
3. Spillpfeiff 8.fuß	3. OctavenBaß 4	3. Quintadehn
9. Octava 8.fuß	4. Bawrflöit 1	4. Octava
5. Octava 4	5. Nachthorn 2	5. Hohlflöite
6. Tolkaan 8	6. Zimbel 2.fach	6. Spillpfeiffe
7. Quint 3	7. PosaunenBaß 16	7. Mixtur
8. GroßGedact 8	TrommetBaß 8	8. Zimbel
9. Mixtur 12.fach	CornettBaß 4	9. Trommeten
10. Zimbel 3.fach	GedactBaß 8	10. Fagott
	QuintadeenBaß 4	11. Ein Scharrwerck mit engen Cörperen gleich aus: L B bötze

In der Brust 11
Stimmen.

1. Principal 4.fß
2. Gedact 4
3. Nasatt 2
9. Suifloit 2
5. Schweitzerflöit 1
6. Krumbhorn 8
7. Regal 8
8. Geigend Regal 4'
9. Querpfeiffe im Discant (8)
10. Zimbel
11. Mixtur

* Schreibweise nach Vente, s.Anm.8)

Vente erganzt die für das Rückpositiv fehlenden Fußtonzahlen nach Mutmaßlichkeit. Die umstrittene Angabe "ein Schnarrwerck mit engen Cörperen gleich aus: L B Bötze" möchte der Verf. als Hinweis auf eine kopierte Bauart deuten.

10.5. Disposition St.Marien Orgel von Friedrich Stellwagen

Hauptwerk	Oberpositiv	Rückpositiv
Prinzipal 16’	Prinzipal 8’	Gr.Quintadena 16’
Bordun, 16’	Hohlflöte 8’	Prinzipal 8’
Oktave 8’	Oktave 4’	Gedackt 8’
Spitzflöte 8’	Blockflöte 4’	Quintadena 8’
Hohlquinte 5 1/3’	Kl.Quintadena 4’	Oktave 4’
Superoktave 4’	Nasard 2 2/3’	Dulzflöte 4’
Hohlflöte 4’	Gemshorn 2’	Feldpfeife 2’
Flachflöte 2’	Scharff	Sifflöte 1 1/3’
Rauschpfeife	Trompete 8’	Sesquialtera
Mixtur	Krummhorn 8’	Scharff
Scharff	Schalmei 4’	Zimbel
Trompete 16’		Dulzian 16’
		Trichterregal 8’
		Regal 4’

Pedal

Gr.Prinzipal 32’
Prinzipal 16’
Gedacktuntersatz 16’
Oktave 8’
Spitzflöte 8’
Superoktave 4’
Nachthorn 4’
Feldpfeife 2’
Mixtur
Posaune 16’
Trompete 8’
Dulzian 8’
Schalmei 4’
Cornett 2’

Tastenumfang der Manuale: C, D-c^3
Tastenumfang des Pedals: C, D-f^1
Tremulanten im Rückpositiv und Oberpositiv
Vogelgeschrei, Trommel, Zimbelsterne
Zwei Manualkoppeln
Eine Pedalkoppel
Schleifladen
Mechanische Spiel und Registertraktur

10.6. Disposition St.Jakobi
Orgel von Christian Gottlieb Richter

Hauptwerk	Oberwerk	Unterwerk
Prinzipal 16’	Prinzipal 8’	Prinzipal 8’
Quintadena 16’	Gedackt 8’	Gedackt 8’
Octave 8’	Quintadena 8’	Octave 4’
Spillflöte 8’	Octave 4’	Gedackt 4’
Gedackt 8’	Superoctave 2’	Flöte Ravers 4’
Octave 4’	Quinta 3’	Super octave 2’
Gedackt 4’	6 quialter in duplo	Quinta 1 1/2’
Quinta 3’	Mixtur 5f	Cimbel Mixtur 3f
Octave 2’	Trumpete 8’	
Tertian in duplo	Gemshorn 16’	
Mixtur 6f		
Trumpete 16’		
Vox humana 8’		
Cimbelstern		
Tremulant		

Pedal

Groß Untersatz 32’
Prinzipal 16’
Subbaß 16’
Octave 8’
Gedackt 8’
Octave 4’
Offene Flöte 4’
Posaune 16’
Fagott 16’
Trumpete 8’
Schalmey 4’

Tastenumfang in den Manualen C’,D-c^3
" im Pedal C,D-d’

10.7. Disposition St.Jakobi
Orgel von Friedrich A. Mehmel

A. Hauptwerk in 2 Abteilungen	B. II.Manual (Unterwerk) in 2 Abteilungen	C. III.Manual (Oberwerk)
Prinzipal 16'	Prinzipal 8'	Bordun 16'
Bordun 32'	Quintatön 16'	Geigenprinzipal 8'
Bordun 16'	Salicional 8'	Terpodeon 8'
Prinzipal 8'	Dolce 8'	Unda maris 8'
Viola di Gamba 8'	Portunal 8'	Liebl.Gedackt 8'
Gemshorn 8'	Rohrflöte 8'	Flauto traverso 8'
Hohlflöte 8'	Oktave 4'	Prinzipal 4'
Gedackt 8'	Rohrflöte 4'	Flauto traverso 4'
Quinte 5 1/3'	Fugara 4'	Quintflöte 2 2/3'
Oktave 4'	Quinte 2 2/3'	Flautino 2'
Gemshorn 4'	Oktave 2'	Progressivharm 2-5f
Hohlflöte 4'	Mixtur 4f	Hoboe 8'
Quinte 2 2/3'	Cornett 3f	
Oktave 2'	Clarinette 8'	
Mixtur 4-5f		
Cornett 4f		
Cymbel 3f		
Fagott 16'		
Trompete 8'		

D. IV.Manual (Fernwerk)	E. Pedal I.Abteilung	II.Abteilung	III.Abteilung
Lieblich Gedackt 16'	Prinzipal 32'	Violon 16'	Gr.Nasard 10 2/3'
Viola d'amour 8'	Prinzipal 16'	Subbaß 16'	Quintflöte 5 1/3'
Harmonica 8'	Posaune 32'	Oktavbaß 8'	Oktave 4'
Liebl.Gedackt 8'	Posaune 16'	Violoncello 8'	Waldflöte 2'
Viola d'amour 4'		Flötenbaß 8'	Trompete 8'
Progressivharm. 1-3f		Dulzian 16'	Clairon 4'
Äoline 16'			

Mechanische Schleifladen
Barkerhebel

F. Nebenzüge	G. Pedaltritte
Manualkoppeln	Piano-Hauptwerk
Sperrventile	Forte-Hauptwerk
Calcanten	Piano-Unterwerk
Tremulant	Forte-Unterwerk
	Pedalkoppel
	Crescendo

10.8. Disposition Johannes-Kirche Orgel von Friedrich Stellwagen

"Im Haupt Clavier

1.) Principal.	8. Fus von simpler Metall,		auswendig versilbert, im Discant fehlerhaft
2.) Gedackt.	8.	dito	im Discant fehlerhaft
3.) Octav.	4.	"	eine gantze Octav im Discant nichts nutze
9.) Octav.	2.	"	zwei Octaven im Discant nichts nutze
5.) Nahsart.	3.	"	dito dito
6.) Gedackt.	4.	"	gar nicht nehr vorhanden
7.) Trompet	8.	"	außer einige Baß Cörper nichts mehr da
8.) Mixtur			auf die Helfte nichts nutz.
9.) Dulcian			nichts mehr vorhanden.
10.) Cornet			dito.

Rückpositiv	Pedal	Nebenregister
1. Principal 4'	Gedackt 8'	Tremulant
2. Quintadena 8'	Dulcian 16'	Cymbelstern
3. Gedackt 4'	Trompete 8'	Coppel des Pedals und Werck
4. Sifflöte 1'	Cornett 4'	Vogel Gesang"
5. Sesquialtera 2 fach		
6. Mixtur 5 fach		
7. Schalmei 4' (?)		
8. Viola Regal 4' oder Jungfernregal		

10.9. Disposition Johannes-Kirche Orgel von F.A.Mehmel

Hauptmanual	Obermanual	Pedal
Prinzipal 8'	Salicional 8'	Subbaß 16'
Bordun 16'	Gedackt 8'	Violon 16'
Rohrflöte 8'	Flauto trav. 8'	Violoncello 8'
Hohlflöte 8'	Flauto amab. 4'	Prinzipal 4'
Viola di Gamba 8'	Prinzipal 4'	Posaune 16'
Oktave 4'		
Gemshorn 4'		
Quinte 2 2/3'		
Oktave 2'		
ProgHarm. 1-4f		
Trompete 8'		

1 Manualkoppel
1 Pedalkoppel
Schweller fur das Obermanual
Mechanische Schleifladen

10.10. Disposition Heilgeistkirche Orgel von C.A.Buchholz

1. Manual	2. Manual	Pedal
Prinzipal 8'	Salicional 8'	Subbaß 16'
Bourdon 16'	Gedackt 8'	Violon 8'
Rohrfloete 8'	Piffaro 8'	Prinzipal 4'
Octave 4'	Viola d'amour 4'	Posaune 16'
Quinte 2 2/3'	Rohrfloete 4'	
Superoctave 2'	Violini 2'	
Mixtur 3f		

1 Manualkoppel
1 Pedalkoppel
Mechanische Schleifladen

10.11. Disposition Heilgeistkirche Wiederherstellung/NeugestaltungA.SchukePotsdam

(Die mit * bezeichneten Register wurden aus der Buchholz-Orgel übernommen)

l.Manual	2.Manual	Pedal
Prinzipal 8' *	Gedackt 8' *	Subba3 16'
Rohrflöte 8' *	Gemshorn 4' *	Gemshorn 8'
Oktave 4' *	Oktave 2'	Quintadena 4'
Gedackt 4' *	Sifflöte l 1/3'	Posaune 8'
Nasard 2 2/3' *	Sesquialtera 2f	
Waldflöte 2'	Scharff 3f	
Mixtur 4f		

l Manualkoppel
2 Pedalkoppeln
Mechanische Schleifladen

10.12. Disposition Lutherkirche

wahrscheinlich ein Laukhuff-Fabrikat, 1937 aus dem Logengebäude übernommen

1.Manual	2.Manual	Pedal
Prinzipal 8'	Flöte 8'	Subbaß 16'
Gedackt 8'	Salicional 8'	
Oktave 4'		

1 Manualkoppel
2 Pedalkoppeln
Pneumatische Registerkanzellen Lade

10.13. Disposition Lutherkirche

Orgel von W.Sauer-Frankfurt/Oder op.1951

Manual	Pedal
Holzgedackt 8'	Pommer 16'
Prinzipal 4'	
Rohrflöte 4'	
Waldflöte 2'	
Scharff 3-4f	

Pedalkoppel
Mechanische Schleiflade

10.14. Disposition Katholische Kirche Orgel von B.Grüneberg, Stettin

1.Manual	2.Manual	Pedal
Bordun 16’	Geigend Prinzipal 8’	Subbaß 16’
Prinzipal 8’	Salizional 8’	Sanftbaß 16’
Gamba 8’	Äoline 8’	Oktavbaß 8’
Hohlflöte 8’	Lieblich Gedackt 8’	
Oktave 4’	Fugara 4’	
Progr.Harm. 2-3f	Flauto dolce 4’	

Manualkoppel, PK I, PK II, Superoktavkoppel I, Superoktavkoppel II, Suboktavkoppel II, PianoPedal, mf, f, tutti, Schweller II. Pneumatische Registerkanzellen-Laden.

10.15. Disposition Katholische Kirche

Orgel von VEB Frankfurter Orgelbau "SAUER"

Hauptwerk	Brustwerk	Pedal
Prinzipal 8'	Holzgedackt 8'	Subbaß 16'
Spillpfeife 8'	Rohrflöte 4'	Gemshorn 8'
Oktave 4'	Prinzipal 2'	Choralbaß 4'
Blockflöte 2'	Sifflöte 1 1/3'	Baßkornett 4f (2' Auszug)
Sesquialtera 2f	Scharff-Zimbel 4f	Posaune 8'
Mixtur 5 - 6f	Krummhorn 8'	

Drei Normalkoppeln,
Tremulanten HW und BW
Schwellertüren BW
Mechanische Schleifladen

11. LiteraturNachweis

Acta organologica Bd.18 ff
Berlin 1985

Bethge, Eberhard
Dietrich Bonhoeffer
München 1967

Bonhoeffer, Dietrich
Christus für uns heute (Auswahl)
Berlin 1970

Bugenhagen, Johannes
Kirchenordnung 1563

Dehio, Georg
Handbuch der deutschen Kunstdenkmäler
Berlin 1968

Fock, Gustav
Arp Schnitger und seine Schule
Kassel 1974

Fock, Gustav
Die Hauptepochen des norddeutschen Orgelbaues...
in: Orgelbewegung und Historismus Berlin 1958

Franke, Otto
Aus Stralsunds Franzosenzeit
Stralsund 1870

Frotscher, Gotthold
Geschichte des Orgelspiels und der Orgelkomposition
Berlin 1935

Goltz, Eduard von der
Grundfragen der Prakt. Theologie
Gießen 1917

Haacke, Walter
Die Entstehungsgeschichte des Orgelbaus im Lande Mecklenburg-Schwerin
Wolfenbüttel 1935

Haacke, Walter / Jaehn, Reinhard
Paul Schmidt und Mecklenburgs Orgelbau...
in: Acta organologica Bd.18
Berlin 1985

Heyen, Hellmuth
Kirchengeschichte Pommerns
Köln 1957

Heyden, Hellmuth
Die Kirchen Stralsunds und ihre Geschichte
Berlin 1961

Hill, Arthur
Orgelgehäuse-Zeichnungen
Neuaufl. Berlin 1953

Jahn, Walther
Die Marienkirche
Stralsund 1930

Jahnn, Hans Henny
Die Orgel und die Mixtur ihres Klanges
Klecken 1922

Jahnn, Hans Henny
Fluß ohne Ufer, Teil 3
Mainz 1961

Kehnscherper, Günther
Texte und Lesungen bei kirchenmusikalischen Veranstaltungen
in: Festschrift für Frieder Schulz
Heidelberg 1988

Kluge, Friedrich
Etymologisches Wörterbuch
Berlin 1934

Krieg, Gustav
Grundprobleme theologischer Musikbetrachtung
in: Pastoraltheologie 1988/6
Göttingen 1988

Krummacher, Friedhelm stylus phantasticus...
in: Schütz-Jahrbuch II/1980 Kassel 1981

Kümmerle, Salomo
Encyklopädie der ev. Kirchenmusik
Gütersloh 1894

Mahrenholz, Christhard
Fünfzehn Jahre Orgelbewegung
Kassel 1935

Mehl, Johannes
Die Aufgabe der Orgel im Gottesdienst der luth. Kirchen
München 1938

Moser, Hans Joachim
Musiklexikon
Berlin 1935

Prätorius, Michael
syntagma musicum II 1619

Prost, Dietrich (Prost 1)
Die Stellwagen-Orgel in der Marienkirche zu Stralsund
in: Greifswald-Stralsunder Jahrbuch
Bd.6 Rostock 1966, Bd.7 Rostock 1967, Bd.8 Weimar 1969

Prost, Dietrich (Prost 2)
Lebensbericht eines Stralsunder Orgelbauers
in: Greifswald-Stralsunder Jahrbuch, Bd.11
Weimar 1977

Prost, Dietrich (Prost 3)
Die Orgeln in der Jakobikirche zu Stralsund
in: Greifswald-Stralsunder Jahrbuch, Bd.12
Weimar 1979

Prost, Dietrich (Prost 4)
Die Orgeln in der Pfarrkirche St.Nikolai und in den Kirchen der Klöster und Hospitäler
in: Greifswald-Stralsunder Jahrbuch, Bd.13/14
Weimar 1982

Prost, Dietrich (Prost 5)
Das Wirken der Berliner Orgelbauer Buchholz in Vorpommern
in: Acta organologica Bd.20
Berlin 1988 (stark gekürzt)

Prost, Dietrich (Prost 6)
Die Orgelbauanstalt B.Grüneberg
in : Acta organologica Bd. 22,
Berlin 1991

Prost, Dietrich (Prost 7)
Der Orgelbauer F.A.Mehmel
in: Acta organologica Bd. 23,
Berlin 1993

Prost, Dietrich (Prost 8)
Die Stellwagen-Orgel in St.Marien zu Stralsund
in: The Organ Yearbook
Edinburgh 1975

Prost, Dietrich (Prost 9)
Der norddeutsche Orgelbau des 17. und 18.Jahrhunderts
in: Studien zur Aufführungspraxis
Blankenburg/Michaelstein 1985

Prost, Dietrich (Prost 10)
Drei repräsentative Orgelbauer und Orgelbauten des 17. und 18.Jahrhunderts in unserem Raum
in: Zur norddeutschen Musikkultur...
Rostock 1985

Rietschl, Georg
Die Aufgabe der Orgel im Gottesdienst
Leipzig 1893

Rößler, Ernst Karl
Klangfunktion und Registrierung
Kassel 1952

Sauer, Orgelbauanstalt
75 Jahre Deutscher Arbeit
Frankfurt/O 1932

Schleiermacher, Friedrich
Literarischer Nachlaß
Berlin 1850, Bd.8, S.112 und 168 ff

Schwarz, Werner
Orgelbau und Orgelbauer in Pommern
Kassel 1983

Schweitzer, Albert
Deutsche und französische Orgelbaukunst und Orgelkunst
Leipzig 1906

Schroer, Henning
Musik als "Offenbarung des Unendlichen"
in: Humanität, Musik und Erziehung Mainz 1981

Sundine
Zeitschrift fur Unterhaltung und Geistesverkehr
Stralsund 1829 ff

Vente, Maarten
Die Brabanter Orgel
Amsterdam 1958

Wangemann, Otto
Geschichte der Orgel und der Orgelbaukunst
Demmin 1880

weitere Hinweise:

Stümke, Freimut
Zu den Organisten und Komponisten an der St. Jacobi-Kirche in Stralsund im 19. und 20. Jahrhundert.
Examensarbeit, Herford 1993 m.s.

Prost, Dietrich
Orgelbau und Orgelbauer in Vorpommern
in: Die Orgel in Ostdeutschland und in Polen,
in: Bericht über das achte Colloquium der Walcker-Stiftung für orgelwissenschaftliche Forschung.
Kleinbittersdorf 1993.